Maus goes English

Fotos S. 6-33 Mitte: Fotografikdesign Weber & Göröcs
Produktion: Retting Consulting, München
Text: Ilse Hell, München
Cover- und Buchdesign: agenten.und.freunde, München
Prepress: w&co MediaServices, München
Übersetzung ins Englische auf Seite 5: Malcolm Green, Heidelberg
Fachlektorat: Ute Finnis, Nottingham; Jane Smith, Dreieichenhain

Printed in Belgium
ISBN 3-89717-297-6

10 9 8 7 6 5 4 3 2 1

Maus goes English

Meine ersten 700 Wörter in Englisch und Deutsch

FLEURUS VERLAG

Table of contents
Inhaltsverzeichnis

Foreword
Vorwort

The mouse family lives in an attic right at the top of a big house. But shhh! Nobody knows! Sometimes the people in the house are puzzled because all sorts of tiny objects disappear from their rooms. Useful things that the mouse family use to make their furniture, their toys – and even their car.
Each summer, the mouse family goes on holiday. But this year the parents first want to learn English with their children, so they can understand things better. The mouse children really enjoy this, and if you like you can simply join in. All of the words and sentences in this book are written in both English and German. So you can get to know lots of key words in English. Each page contains a little puzzle and questions, where you can try out everything you have learnt to say in English. At the end of the book there's a grammar for beginners, a brief guide to English pronunciation, and a German-English vocabulary. And there you will also find the answers to the puzzles.

So, have lots of fun learning English!

Familie Maus lebt ganz oben auf dem Dachboden eines großen Hauses. Aber, pssst! Das weiß kein Mensch! Die Leute in dem Haus wundern sich manchmal, wenn aus ihren Wohnungen lauter kleine Sachen verschwinden. Aus diesen nützlichen Dingen basteln sich die Mäuse ihre Möbel, Spielsachen und sogar ihr Auto.
Auch in diesem Sommer fährt Familie Maus in die Ferien. Vorher aber wollen die Eltern mit den Kindern noch schnell Englisch lernen, damit sie alle Dinge besser verstehen können. Die Mäusekinder haben viel Spaß daran und wenn du möchtest, dann mach doch einfach mit. Alle Sätze und Wörter in diesem Buch sind in Englisch und Deutsch geschrieben. So lernst du viele der wichtigsten englischen Wörter kennen. Auf jeder Seite gibt es kleine Rätsel und Fragen. Da kannst du dann ausprobieren, was du schon auf Englisch sagen kannst. Am Schluss des Buches findest du eine erste Grammatik, eine kurze Anleitung zur englischen Aussprache und ein deutsch-englisches Wörterverzeichnis sowie auch die Lösungen für die Rätsel.

Und jetzt:
Viel Spaß beim Englisch lernen!

At home
Zu Hause

broom
der Besen

mirror
der Spiegel

Welcome to the mouse house, where you can discover many things: The children sleep in mouse beds, the parents cook in the mouse kitchen and they all take a bath in the mouse bathtub.

Willkommen im Mäusehaus! Hier gibt es viel zu entdecken: Die Kinder schlafen in Mäusebetten, die Eltern kochen in der Mäuseküche und alle baden in der Mäusebadewanne.

Vocabulary	**Wortschatz**
roof	das Dach
attic	der Dachboden
cellar	der Keller
room	das Zimmer
window	das Fenster
door	die Tür
stairs	die Treppe
furniture	die Möbel
to clean	putzen
to close	schließen
to open	öffnen
to sit	sitzen

My house
Mein Haus

Take a piece of paper and draw all the rooms in your house: the kitchen, the living room, the children's room, the bedroom, the bathroom.

Nimm ein Blatt Papier und male dein Haus mit allen Zimmern: Küche, Wohnzimmer, Kinderzimmer, Schlafzimmer, Badezimmer.

light switch
der Lichtschalter

light bulb
die Glühbirne

coat hanger
der Kleiderbügel

iron
das Bügeleisen

umbrella
der Regenschirm

doorbell
die Klingel

chair
der Stuhl

phone
das Telefon

dustpan
die Kehrschaufel

socket
die Steckdose

torch
die Taschenlampe

door handle
der Türgriff

In the kitchen
In der Küche

wooden spoon
der Kochlöffel

fryingpan
die Bratpfanne

The mice have eaten well and dropped a lot of crumbs. Now the kitchen has to be tidied up again.

Die Mäuse haben lecker gegessen und viel gekrümelt. Jetzt muss die Küche wieder ordentlich aufgeräumt werden.

Vocabulary	**Wortschatz**
cutlery	das Besteck
dishes	das Geschirr
fridge	der Kühlschrank
cooker	der Herd
dishwasher	die Geschirrspülmaschine
coffee machine	die Kaffeemaschine
oven	der Backofen
sink	die Spüle
toaster	der Toaster
to bake	backen
to cook	kochen
to cut	schneiden
to drink	trinken
to eat	essen

Puzzle
Rätsel

Look for the three meals hidden in the puzzle: breakfast, lunch, dinner.
Suche die drei versteckten Mahlzeiten im Rätsel: Frühstück, Mittagessen, Abendessen.

D q b r e a k f a s t z d i a d q
I e j e k u l u n c h k l e j r f i e i
E e r i u j e r i u d i n n e r k j d

tin
die Dose

pot
der Topf

knife
das Messer

fork
die Gabel

spoon
der Löffel

cup
die Tasse

plate
der Teller

glass
das Glas

mug
der Becher

rubbish bin
der Mülleimer

bucket
der Eimer

kettle
der Wasserkessel

In the children's room
Im Kinderzimmer

ball
der Ball

doll
die Puppe

After their homework the mouse children are allowed to play. But today they stay in their room because it is raining.

Nach den Hausaufgaben dürfen die Mäusekinder spielen. Heute bleiben sie aber in ihrem Zimmer, denn draußen regnet es.

Vocabulary	**Wortschatz**
bed	das Bett
pillow	das Kopfkissen
quilt	die Steppdecke
duvet	das Federbett
wardrobe	der Kleiderschrank
chest of drawers	die Kommode
desk	der Schreibtisch
toy box	die Spielzeugkiste
to lie	liegen
to dream	träumen
to paint	malen
to sleep	schlafen
to get up	aufstehen
to wake up	aufwachen
to tidy up	aufräumen

Find the right word!
Finde das richtige Wort!

What do you call a picture that is made from many different pieces?
Wie heißt das Spiel, bei dem aus vielen Teilen ein Bild entsteht?

What toy can you use to build houses, towers or bridges?
Mit welchem Spielzeug kannst du Häuser, Türme oder Brücken bauen?

counters
die Spielsteine

playing cards
die Spielkarten

teddy bear
der Teddy

toy car
das Spielzeugauto

bricks
die Bauklötze

guitar
die Gitarre

windmill
das Windrad

drum
die Trommel

recorder
die Blockflöte

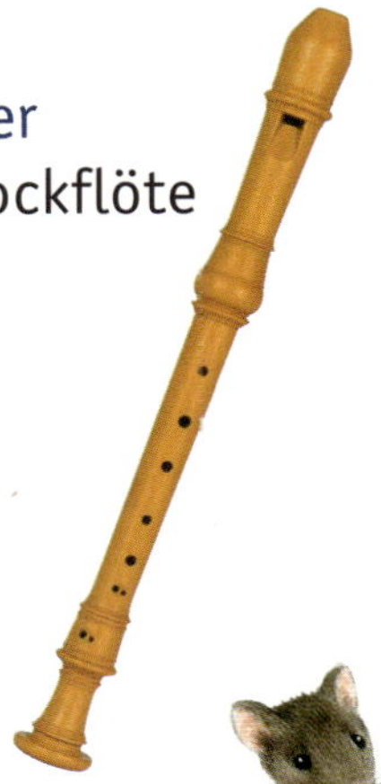

board game
das Spielbrett

dice
der Würfel

jigsaw puzzle
das Puzzle

In the living room
Im Wohnzimmer

television
der Fernseher

table lamp
die Tischlampe

Father mouse likes to read the newspaper in the living room. He sits in his comfortable armchair and relaxes.

Papa Maus liest die Zeitung am liebsten im Wohnzimmer. Dazu setzt er sich in seinen bequemen Sessel und entspannt sich.

Vocabulary	**Wortschatz**
bookcase	der Bücherschrank
cupboard	der Schrank
table	der Tisch
rocking chair	der Schaukelstuhl
carpet	der Teppich
vacuum cleaner	der Staubsauger
curtain	der Vorhang
wallpaper	die Tapete
painting	das Gemälde
fireplace	der Kamin
radiator	der Heizkörper
clock	die Uhr
to listen to music	Musik hören
to watch TV	fernsehen
to rest	sich ausruhen
to talk	sich unterhalten

My living room
Mein Wohnzimmer

What objects are in your living room? Write down the English names on a piece of paper.

Welche Gegenstände gibt es in deinem Wohnzimmer? Schreibe die englischen Namen auf ein Blatt Papier.

candle
die Kerze

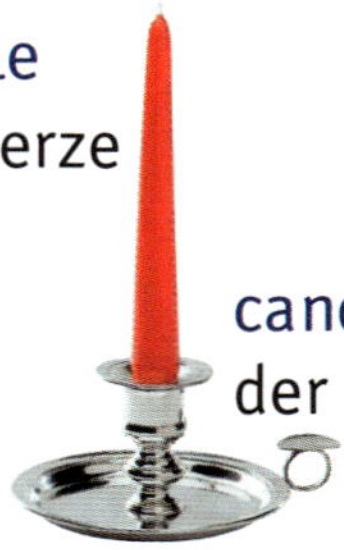

candlestick
der Kerzenhalter

vase
die Vase

armchair
der Sessel

sofa
das Sofa

DVD player
der DVD-Player

remote control
die Fernbedienung

shelf
das Regal

plant
die Pflanze

cushion
das Kissen

radio
das Radio

picture frame
der Bildrahmen

In the bathroom

Im Badezimmer

comb
der Kamm

hairbrush
die Haarbürste

Mouse children have to have a bath. Mother mouse makes sure that they wash themselves and brush their teeth.

Auch Mäusekinder müssen baden. Mama Maus passt auf, dass sich auch alle gründlich waschen und ihre Zähne putzen.

Vocabulary	Wortschatz
washbasin	das Waschbecken
tap	der Wasserhahn
shower	die Dusche
bathtub	die Badewanne
toilet	die Toilette
bathroom scales	die Personenwaage
medicine cabinet	der Arzneischrank
flannel	der Waschlappen
washing machine	die Waschmaschine
laundry	die Wäsche
to take a shower	sich duschen
to brush teeth	Zähne putzen
to wash	waschen
to shave	sich rasieren

Find the right word!
Finde das richtige Wort!

What do you brush your teeth with every day?
Womit putzt du dir jeden Tag die Zähne?

What do you use to wash your hands?
Womit wäschst du dir die Hände?

What do you use to dry yourself after a bath?
Womit trocknest du dich nach dem Baden ab?

hairdrier
der Fön

hairslide
die Haarspange

nail file
die Nagelfeile

nail scissors
die Nagelschere

tweezers
die Pinzette

rubber duck
die Badeente

perfume
das Parfüm

shampoo
das Shampoo

toothpaste
die Zahnpasta

towel
das Handtuch

toothbrush
die Zahnbürste

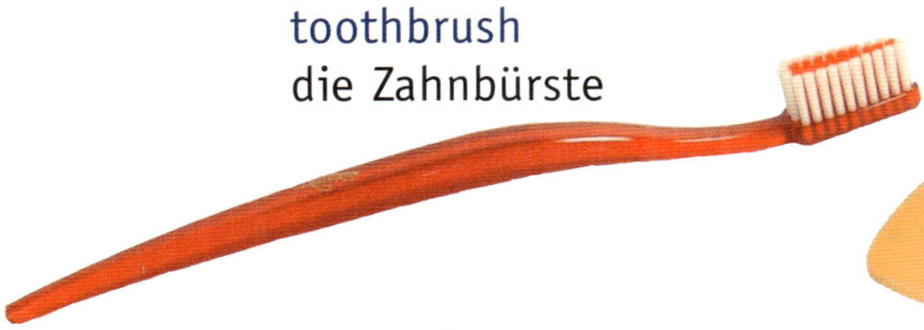

soap
die Seife

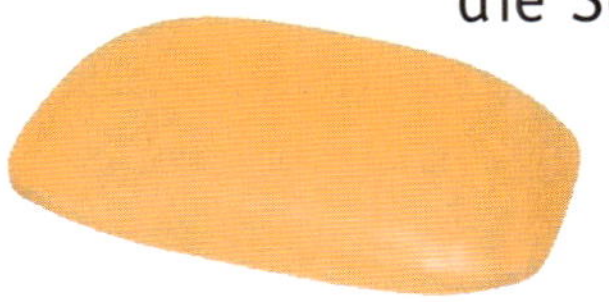

In the garden
Im Garten

wheelbarrow
die Schubkarre

spade
der Spaten

A place for the whole mouse family – where they can play, laze about and barbecue. So that it stays beautiful, they all help with the work in the garden.

Spielen, Faulenzen und Grillen – ein Platz für die ganze Mäusefamilie. Damit der Garten schön bleibt, helfen alle bei der Gartenarbeit mit.

Vocabulary	**Wortschatz**
grass	das Gras
hedge	die Hecke
stone	der Stein
pond	der Teich
patio	die Terrasse
ladder	die Leiter
fence	der Zaun
to water	gießen
to plant	pflanzen
to pick	pflücken
to mow	mähen
to weed	jäten
to dig	graben

Flower puzzle
Blumen-Rätsel

Tulip, rose or daisy –
which flower can prick you?
Tulpe, Rose oder Gänseblümchen –
welche Blume sticht?

Look for the flower in the puzzle.
Suche die Blume im Rätsel.

A b c f r o s e g h i j k l m n o j e k e k

wellingtons
die Gummistiefel

flower pot
der Blumentopf

gardening gloves
die Gartenhandschuhe

lawnmower
der Rasenmäher

bench
die Gartenbank

garden hose
der Gartenschlauch

watering can
die Gießkanne

rake
der Rechen

secateurs
die Gartenschere

tree
der Baum

flowers
die Blumen

leaf
das Blatt

In the hobby room
Im Hobbyraum

pliers
die Zange

nail
der Nagel

Father mouse likes to work in his hobby room. He has planed wood and there are a lot of shavings on the floor.

Papa Maus bastelt gern in seinem Hobbyraum. Er hat Holz gehobelt. Deshalb liegen viele Späne auf dem Boden.

Vocabulary	**Wortschatz**
plane	der Hobel
spanner	der Schraubenschlüssel
axe	die Axt
file	die Feile
tool	das Werkzeug
needle	die Nadel
spirit level	die Wasserwaage
workbench	die Werkbank
thimble	der Fingerhut
to be busy	beschäftigt sein
to lift	heben
to sew	nähen
to mend	reparieren
to sweep	kehren
to switch on	einschalten

What does father mouse need to plane?
Was braucht Papa Maus zum Hobeln?

What's wrong here?
Hier stimmt was nicht!

One object does not fit:
needle, hammer, thimble, cotton thread.

Ein Gegenstand passt nicht:
Nadel, Hammer, Fingerhut, Nähfaden.

magnifying glass
die Lupe

paint pot
der Farbtopf

screw
die Schraube

drill
die Bohrmaschine

saw
die Säge

paintbrush
der Pinsel

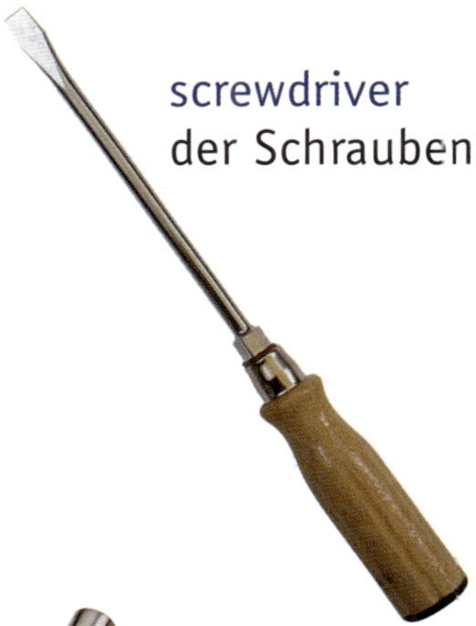

screwdriver
der Schraubenzieher

hammer
der Hammer

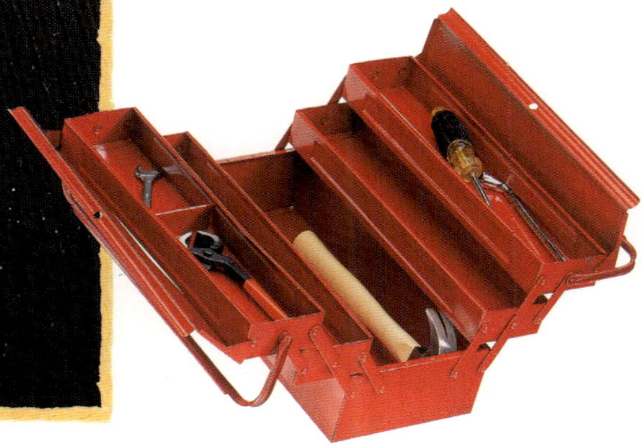

toolbox
der Werkzeugkasten

tape measure
das Bandmaß

battery
die Batterie

cord
die Schnur

In the office
Im Büro

Father mouse is an architect and he works in an office. He plans, designs and builds both large and small mouse houses.

Papa Maus ist Architekt und arbeitet in einem Büro. Er plant, entwirft und baut große und kleine Mäusehäuser.

Vocabulary	**Wortschatz**
baker	der Bäcker
butcher	der Metzger
farmer	der Bauer
gardener	der Gärtner
cook	der Koch
tailor	der Schneider
hairdresser	der Friseur
car mechanic	der Automechaniker
bus driver	der Busfahrer
electrician	der Elektriker
doctor	der Arzt
waiter	der Ober
shop assistant	der Verkäufer
policeman	der Polizist
fireman	der Feuerwehrmann
postman	der Postbote
dentist	der Zahnarzt

Guess the job!
Berufe-Raten

Who helps you if you are ill?
Wer hilft dir, wenn du krank bist?

Who cuts your hair?
Wer schneidet dir deine Haare?

file
der Aktenordner

envelope
der Briefumschlag

keyboard
die Tastatur

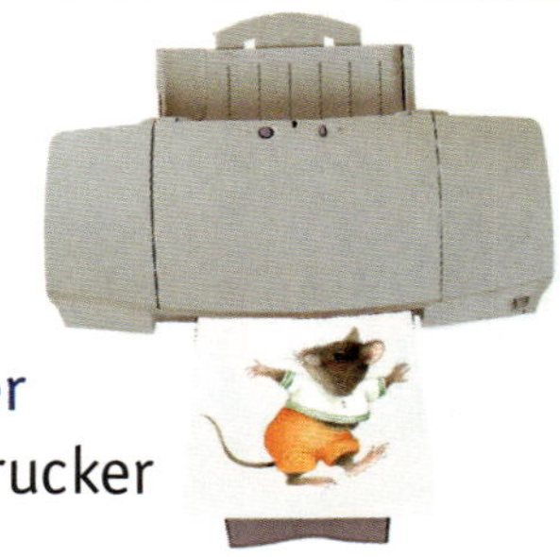

printer
der Drucker

ballpoint pen
der Kugelschreiber

computer
der Computer

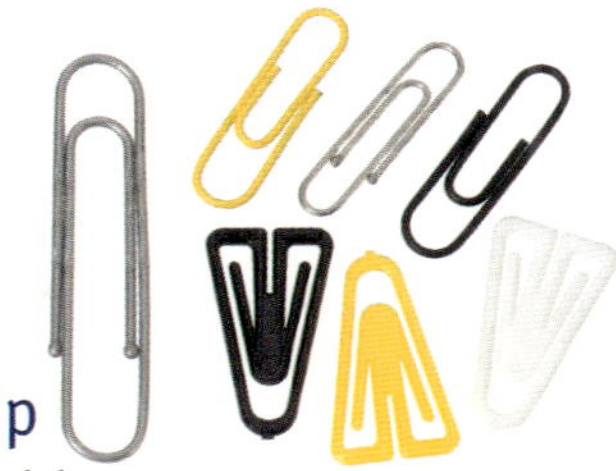

paperclip
die Büroklammer

mobile phone
das Mobiltelefon

hole-puncher
der Locher

stapler
der Hefter

office chair
der Bürostuhl

wastepaper basket
der Papierkorb

stamp
der Stempel

briefcase
die Aktentasche

In the fitness room
Im Fitnessraum

tennis
das Tennis

cycling
das Radfahren

Sports keeps the mouse family fit and healthy, so they regularly exercise in their fitness room.

Die Mäusefamilie hält sich mit Sport fit und gesund. Sie trainieren deshalb alle regelmäßig in ihrem Fitnessraum.

Vocabulary	**Wortschatz**
sportswear	die Sportbekleidung
trainers	die Sportschuhe
tennis racket	der Tennisschläger
hockey stick	der Hockeyschläger
ski poles	die Skistöcke
sledge	der Schlitten
net	das Netz
basket	der Korb
to exercise	trainieren
to run	rennen
to jump	springen
to ride	reiten
to throw	werfen
to catch	fangen

Mystery sport
Rätselsport

Find the three objects in the puzzle.
Finde die drei Gegenstände im Rätsel.

J k z t r s k i f w o e l o t b
A b s c w j t o s l e d g e k
M z s k a t e s a b c d e f

What do you use to skate on ice?
Womit kann man auf dem Eis laufen?

baseball
der Baseball

skateboarding
das Skateboardfahren

football
der Fußball

ice hockey player
der Eishockeyspieler

skiing
das Skifahren

windsurfing
das Windsurfen

hang-gliding
das Drachenfliegen

volleyball game
das Volleyballspiel

rollerblading
das Inlineskaten

skates
die Schlittschuhe

basketball
der Basketball

gymnastics
das Turnen

A lovely holiday
Schöne Ferien

vest
das Unterhemd

pants
die Unterhose

The mouse family is looking forward to going on holiday. But before they go they have to pack their suitcases.

Die Mäusefamilie fährt in den Urlaub und alle freuen sich darauf. Doch vorher müssen noch die Koffer gepackt werden.

Vocabulary	**Wortschatz**
coat	der Mantel
cardigan	die Strickjacke
trousers	die lange Hose
suit	der Anzug
knee-socks	die Kniestrümpfe
tights	die Strumpfhose
dressing gown	der Morgenmantel
scarf	der Schal
woolly hat	die Wollmütze
raincoat	der Regenmantel
gloves	die Handschuhe
boots	die Stiefel
hat	der Hut
to put on	anziehen
to try on	anprobieren

My suitcase
Mein Koffer

What do you put into your suitcase for a weekend-trip?

Was packst du für einen Wochenendausflug in deinen Koffer?

shoes
die Schuhe

sun hat
der Sonnenhut

socks
die Socken

shorts
die kurze Hose

shirt
das Hemd

jumper
der Pullover

jacket
die Jacke

skirt
der Rock

dress
das Kleid

belt
der Gürtel

nightdress
das Nachthemd

pyjamas
der Schlafanzug

At the petrol station
An der Tankstelle

petrol can
der Benzinkanister

warning triangle
das Warndreieck

While Mum and the children are still doing things in town, father mouse drives to the petrol station. He wants to get petrol and use the car wash.

Während Mama Maus und die Kinder noch einiges in der Stadt erledigen, fährt Papa Maus zur Tankstelle. Er will tanken und durch die Waschanlage fahren.

Vocabulary	**Wortschatz**
bank	die Bank
post office	die Post
chemist	die Apotheke
supermarket	der Supermarkt
shop	das Geschäft
cinema	das Kino
department store	das Kaufhaus
greengrocer	der Obst- und Gemüsehändler
bookshop	die Buchhandlung
fishmonger	der Fischhändler
to carry	tragen
to shop	einkaufen
to buy	kaufen
to sell	verkaufen
to pay	zahlen

Where can you get what?
Wo bekommst du was?

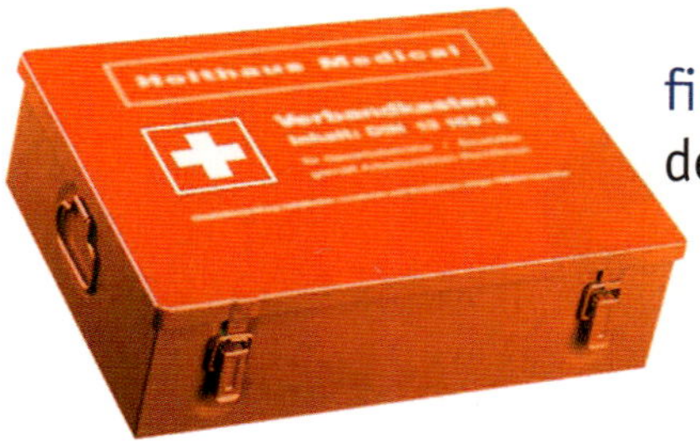

first-aid kit
der Verbandskasten

You can get medicine at the ...?
Medizin gibt es in der ...?

You can get stamps from the ...?
Briefmarken gibt es bei der ...?

parking disc
die Parkscheibe

tyre
der Reifen

steering wheel
das Lenkrad

street map
die Straßenkarte

jack
der Wagenheber

rear-view mirror
der Rückspiegel

speedometer
der Tachometer

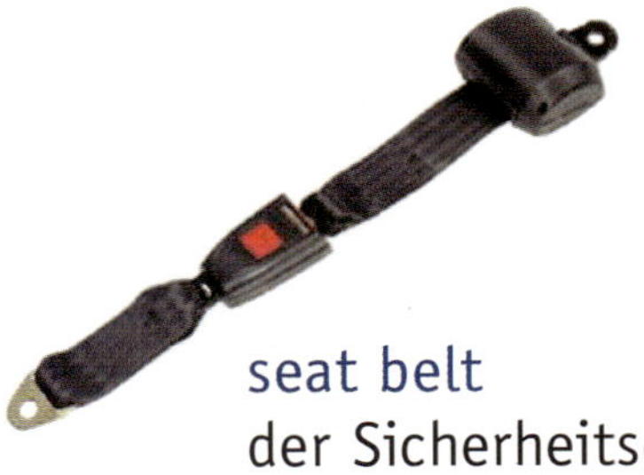

seat belt
der Sicherheitsgurt

tow rope
das Abschleppseil

At the fun fair
Auf dem Rummelplatz

popcorn
das Popcorn

balloon
der Luftballon

On the way to their destination the family take a break. The mouse parents surprise the children with a visit to the fun fair.

Unterwegs zum Urlaubsziel macht die Familie eine Pause. Die Mäuseeltern überraschen ihre Kinder mit einem Besuch auf einem Rummelplatz.

Vocabulary	**Wortschatz**
puppet-show	das Puppentheater
ghost train	die Geisterbahn
roller coaster	die Achterbahn
Ferris wheel	das Riesenrad
bouncy castle	die Hüpfburg
slide	die Rutsche
see-saw	die Wippe
swing	die Schaukel
climbing frame	das Klettergerüst
playground	der Spielplatz
hall of mirrors	das Spiegelkabinett
candy floss	die Zuckerwatte
sugar almonds	die gebrannten Mandeln
to have fun	sich vergnügen
to hop	hüpfen
to play	spielen

What do you like most at the fun fair?
Was magst du auf dem Rummelplatz am liebsten?

Are you scared?
Hast du Angst?

Where at the fun fair is it very spooky?
Wo ist es auf dem Rummelplatz sehr gruselig?

h k j u g g h o s t t r a i n j k y k e

liquorice
die Lakritze

lantern
der Lampion

hand puppet
die Handpuppe

mask
die Maske

dartboard
das Dartspiel

dart
der Pfeil

magician
der Zauberer

lollipop
der Lutscher

ice cream
das Eis

chips
die Pommes frites

merry-go-round
das Karussell

On the beach
Am Strand

The sun, the beach and the sea – holidays are wonderful. The mouse children don't want to leave the water.

Die Sonne, der Strand und das Meer – Ferien sind herrlich. Die Mäusekinder wollen gar nicht mehr aus dem Wasser heraus.

Vocabulary	**Wortschatz**
rock	der Felsen
cliff	die Klippe
sand	der Sand
wave	die Welle
sky	der Himmel
shade	der Schatten
flippers	die Flossen
goggles	die Schwimmbrille
snorkel	der Schnorchel
life jacket	die Schwimmweste
armband	die Schwimmflügel
to swim	schwimmen
to sunbathe	sich sonnen
to dive	tauchen

Find the right word!
Finde das richtige Wort!

Find three things that keep you from getting sunburnt!
Finde auf den Bildern drei Gegenstände, die dir helfen, keinen Sonnenbrand zu bekommen!

What do children need if they cannot swim?
Was brauchen Kinder, so lange sie nicht gut schwimmen können?

flip-flops
die Strandschuhe

swimming trunks
die Badehose

sand mould
das Sandförmchen

sun cream
die Sonnenkreme

bikini
der Bikini

sunglasses
die Sonnenbrille

beach umbrella
der Sonnenschirm

straw hat
der Strohhut

deckchair
der Liegestuhl

rubber ring
der Schwimmreifen

beach ball
der Wasserball

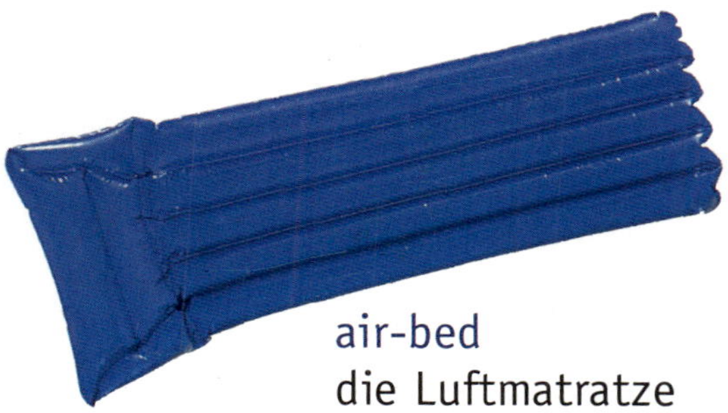

air-bed
die Luftmatratze

shell
die Muschel

beach bag
die Strandtasche

On the way home
Auf dem Heimweg

Mice are always hungry und thirsty. On the way back they stop at a takeaway.

Mäuse haben immer Hunger und Durst. Auf der Rückreise machen sie Rast und halten an einem Imbiss.

Vocabulary	**Wortschatz**
fish	der Fisch
poultry	das Geflügel
meat	das Fleisch
sausage	die Wurst
sauce	die Soße
mustard	der Senf
oil	das Öl
vinegar	der Essig
pepper	der Pfeffer
salt	das Salz
sugar	der Zucker
sweets	die Süßigkeiten
spice	das Gewürz
drink	das Getränk

Favourite meal
Lieblingsspeise

Find the three things to eat!
Finde die drei Speisen!

e k d k k d ä e i k e k e k c h e e s e
l v e a s w c a k e z e m v h i e i m i
i c e c r e a m u u e i n e k n i n a d

cheese
der Käse

cake
der Kuchen

What is your favourite food?
Was isst du am liebsten?

vegetables
das Gemüse

fruit
das Obst

bread
das Brot

soup
die Suppe

chocolate
die Schokolade

egg
das Ei

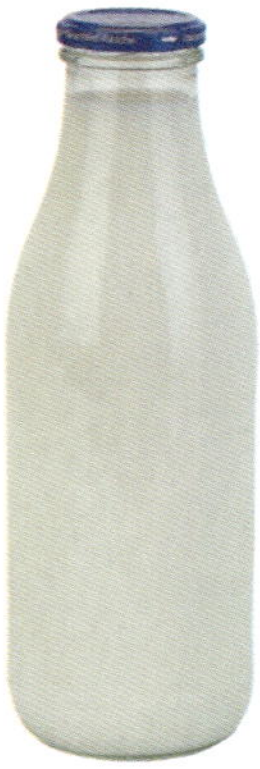

milk
die Milch

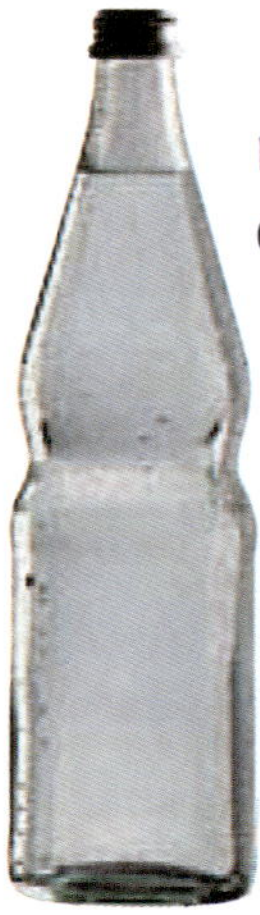

mineral water
das Mineralwasser

juice
der Saft

rice
der Reis

noodles
die Nudeln

salad
der Salat

Numbers
Zahlen

A number is a symbol that tells you how many objects there are.

Eine Zahl ist ein Zeichen, das dir sagt, wie viele Gegenstände vorhanden sind.

1 one sunflower
eine Sonnenblume

2 two teapots
zwei Teekannen

3 three presents
drei Geschenke

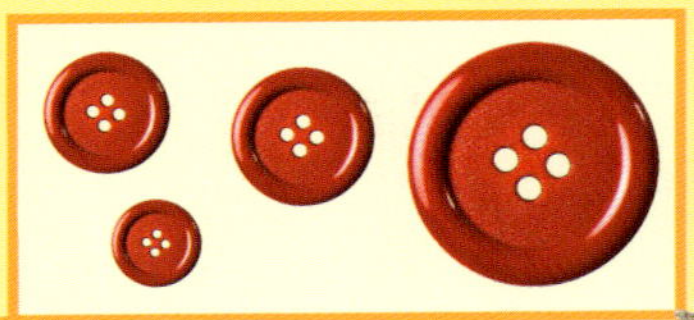

4 four buttons
vier Knöpfe

How old are you?
Wie alt bist du?

5 five books
fünf Bücher

6 six ladybirds
sechs Marienkäfer

7 seven chickens
sieben Hühner

8 eight jam jars
acht Marmeladengläser

9 nine bottles
neun Flaschen

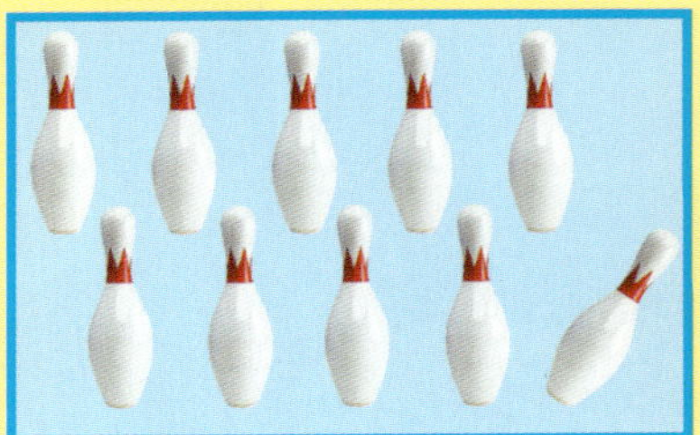

10 ten skittles
zehn Kegel

11 eleven fish
elf Fische

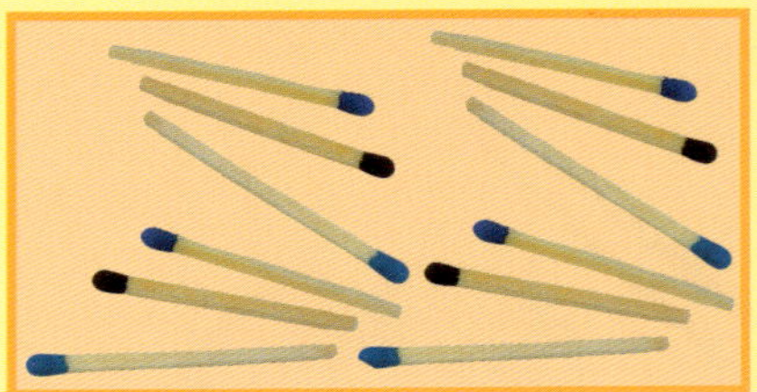

12 twelve matches
zwölf Streichhölzer

Vocabulary		**Wortschatz**	
30	thirty	30	dreißig
40	forty	40	vierzig
50	fifty	50	fünfzig
60	sixty	60	sechzig
70	seventy	70	siebzig
80	eighty	80	achtzig
90	ninety	90	neunzig
100	hundred	100	hundert

13 thirteen shopping bags
dreizehn Einkaufstüten

14 fourteen ducks
vierzehn Enten

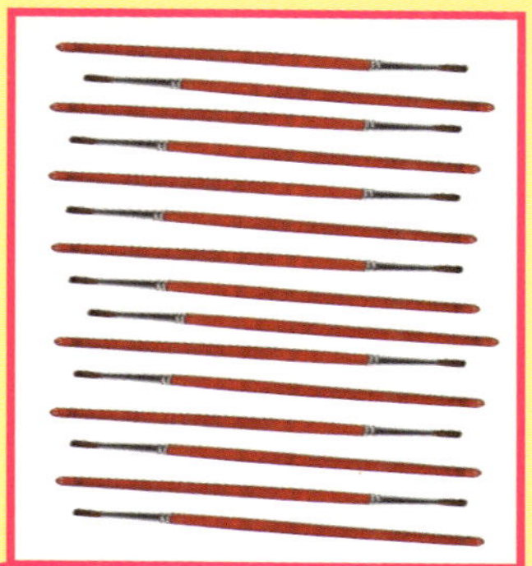

15 fifteen brushes
fünfzehn Pinsel

16 sixteen pins
sechzehn Stecknadeln

17 seventeen toy cars
siebzehn Spielzeugautos

18 eighteen sweets
achtzehn Bonbons

19 nineteen nuts
neunzehn Nüsse

20 twenty clothes-pegs
zwanzig Wäscheklammern

Colours
Farben

Red, blue and yellow are called the primary colours. All other colours can be made from them by mixing.

Rot, Blau und Gelb sind die Grundfarben. Alle anderen Farben werden aus diesen gemischt.

red – rot

blue – blau

light green – hellgrün

What is the colour of the sky?
Welche Farbe hat der Himmel?

yellow – gelb

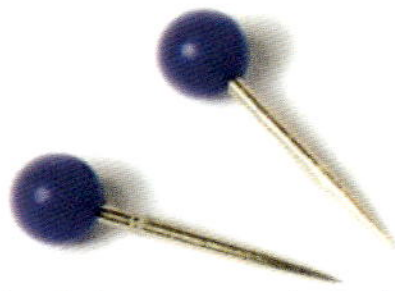

dark blue – dunkelblau

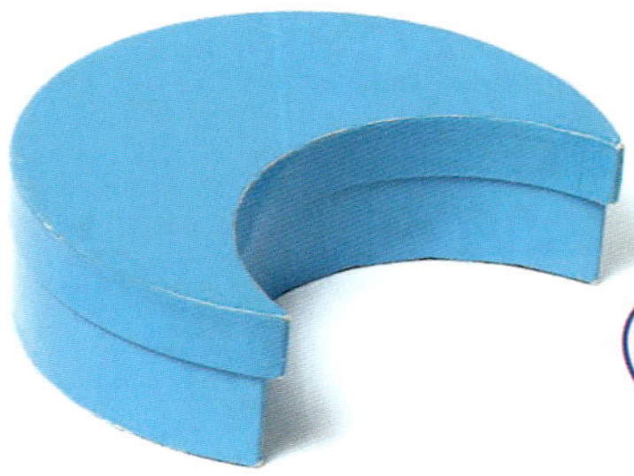

light blue – hellblau

What are the three primary colours?
Wie heißen die drei Grundfarben?

green – grün

brown – braun

orange – orange

dark green – dunkelgrün

black – schwarz

gold – golden

purple – lila

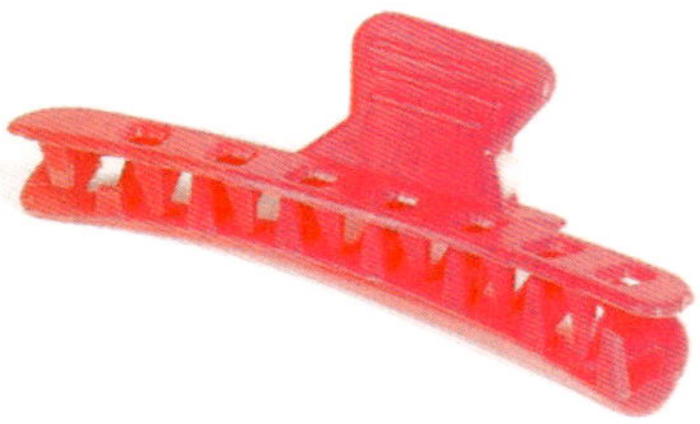

pink – rosa

white – weiß

silver – silber

grey – grau

Shapes
Formen

A shape is an outline. Circles, squares or triangles are shapes.

Eine Form ist ein Umriss. Kreise, Quadrate oder Rechtecke sind Formen.

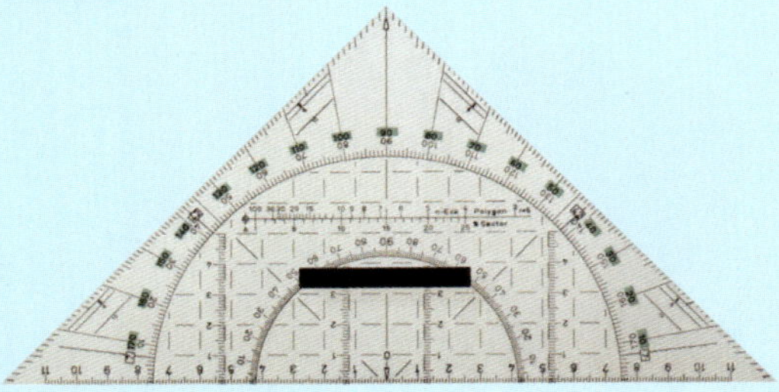

triangle – das Dreieck

rectangle – das Rechteck

circle – der Kreis

rhombus – die Raute

oval – das Oval

square – das Quadrat

What shape is an envelope?
Welche Form hat ein Briefumschlag?

half moon – der Halbmond

star – der Stern

ring – der Ring

ball – die Kugel

cloverleaf – das Kleeblatt

heart – das Herz

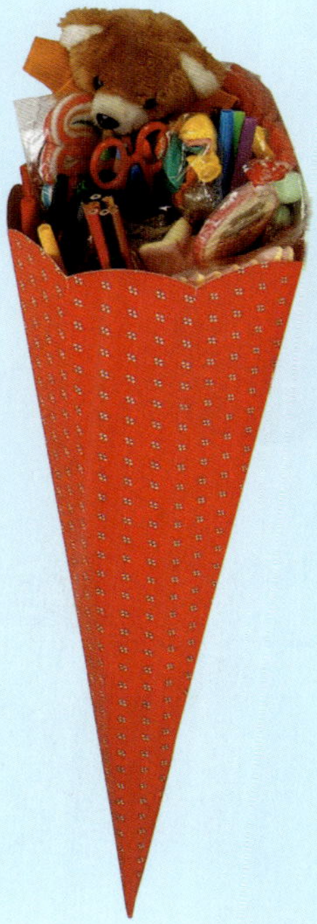

cone – der Kegel

Opposites
Gegensätze

When things are opposites, they are completely different. Young and old are opposites, so are fast and slow.

Wenn Dinge gegensätzlich sind, sind sie komplett verschieden. Jung und alt sind Gegensätze, genauso wie schnell und langsam.

sour
sauer

new
neu

sweet
süß

old
alt

hard
hart

soft
weich

closed
geschlossen

heavy
schwer

light
leicht

open
offen

big
groß

small
klein

I am fast. A snail is ...?
Ich bin schnell. Eine Schnecke ist ...?

full
voll

empty
leer

few
wenig

a lot of
viel

Am I light or heavy?
Bin ich leicht oder schwer?

I am young. Grandpa mouse is ...?
Ich bin jung. Opa Maus ist ...?

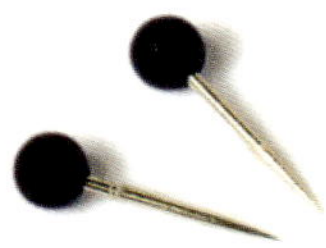

pointed
spitz

rounded
stumpf

short
kurz

long
lang

Time
Die Zeit

Time is measured in hours, minutes and seconds. There are 24 hours in a day. An hour has 60 minutes. A minute has 60 seconds.

Zeit misst man in Stunden, Minuten und Sekunden. 24 Stunden sind ein Tag. 60 Minuten sind 1 Stunde. 60 Sekunden sind 1 Minute.

alarm clock – der Wecker

wristwatch – die Armbanduhr

wall clock – die Wanduhr

kitchen clock – der Küchenwecker

hourglass – die Sanduhr

pocket watch – die Taschenuhr

stopwatch – die Stoppuhr

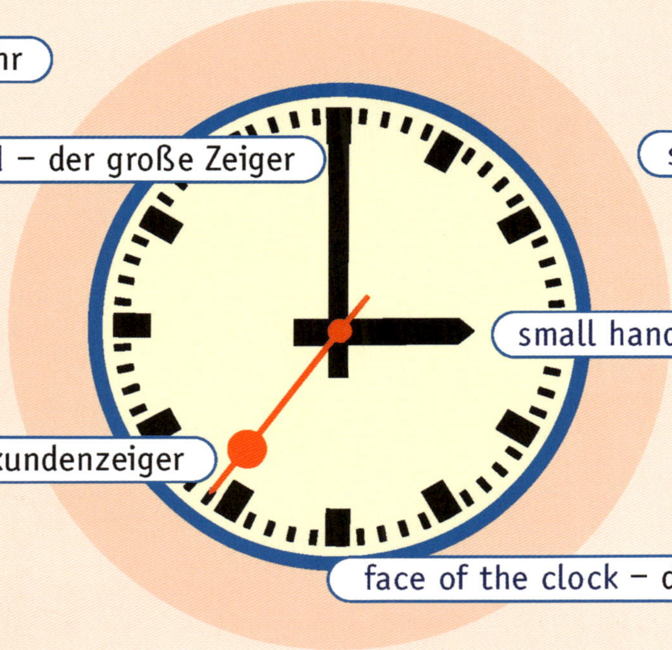

big hand – der große Zeiger

small hand – der kleine Zeiger

second hand – der Sekundenzeiger

face of the clock – das Zifferblatt

The time
Die Uhrzeit

Excuse me, what is the time please?
Entschuldigung, wie spät ist es?

twelve o'clock
12.00 Uhr

a quarter past twelve
12.15 Uhr

twenty past twelve
12.20 Uhr

half past twelve
12.30 Uhr

twenty to one
12.40 Uhr

a quarter to one
12.45 Uhr

one o'clock
13.00 Uhr

eight o'clock in the morning
8.00 Uhr morgens

midday
12.00 Uhr mittags

four o'clock in the afternoon
16.00 Uhr nachmittags

The times of day
Die Tageszeiten

nine o'clock in the evening
21.00 Uhr abends

eleven o'clock at night
23.00 Uhr nachts

The year
Das Jahr

A year has 12 months, 52 weeks or 365 days. There are 7 days in a week.

Ein Jahr hat 12 Monate, 52 Wochen oder 365 Tage. Eine Woche hat 7 Tage.

Vocabulary	Wortschatz
weather	das Wetter
sun	die Sonne
sunny	sonnig
heat	die Hitze
rain	der Regen
it's raining	es regnet
rainbow	der Regenbogen
thunder	der Donner
lightning	der Blitz
storm	der Sturm
fog	der Nebel
foggy	neblig
cloud	die Wolke
cloudy	bewölkt
snow	der Schnee
it's snowing	es schneit

How many days are there in a week?
Wie viele Tage hat eine Woche?

In which season can you go sledging?
Zu welcher Jahreszeit kannst du
Schlitten fahren?

My body
Mein Körper

Your body is made of many parts.
Each part has a name.

Dein Körper besteht aus vielen einzelnen Teilen. Jedes Teil hat einen Namen.

Vocabulary	Wortschatz
girl	das Mädchen
boy	der Junge
woman	die Frau
man	der Mann
to smile	lächeln
to laugh	lachen
to be happy	glücklich sein
to cry	weinen
to be sad	traurig sein
to breathe	atmen
to feel	fühlen
to hear	hören
to see	sehen
to taste	schmecken
to be healthy	gesund sein
to be ill	krank sein

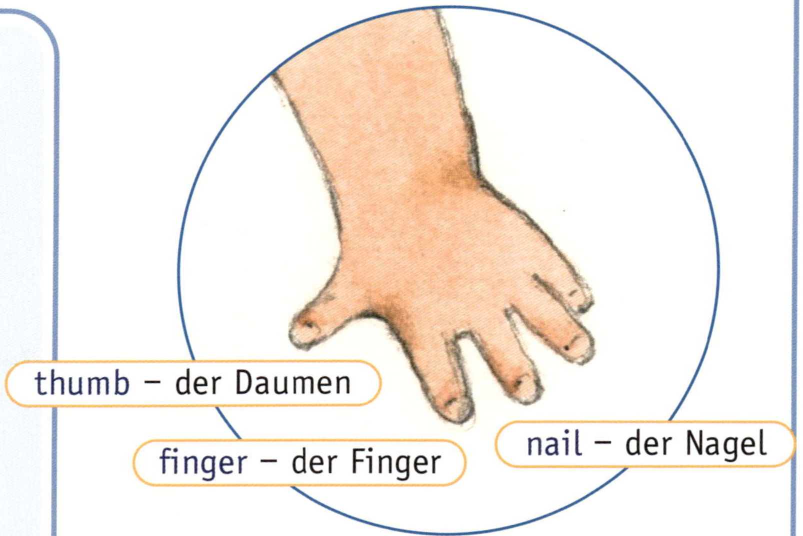

hand – die Hand

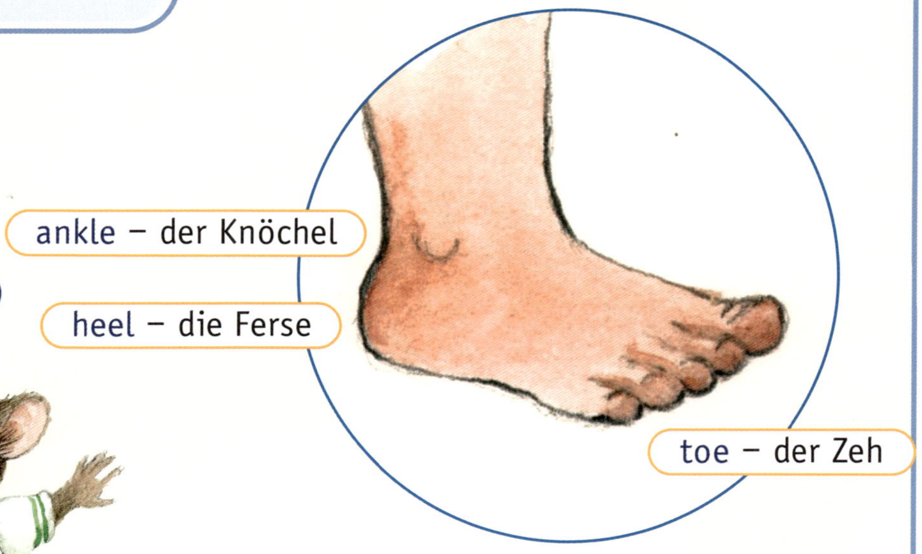

foot – der Fuß

How many fingers does a hand have?
Wie viele Finger hat die Hand?

When you smile you are ...?
Wenn du lächelst, dann bist du ...?

The body
Der Körper

eyelashes – die Augenwimpern

eyebrow – die Augenbraue

eye – das Auge

mouth – der Mund

lip – die Lippe

tooth – der Zahn

tongue – die Zunge

elbow – der Ellbogen

stomach – der Bauch

navel – Bauchnabel

hair – das Haar

head – der Kopf

face – das Gesicht

nose – die Nase

cheek – die Wange

ear – das Ohr

chin – das Kinn

neck – der Hals

shoulder – die Schulter

breast – die Brust

arm – der Arm

knee – das Knie

leg – das Bein

My family

Meine Familie

A family is a group of people who are related. For example, a mother, a father, a brother and a sister are a family.

Eine Familie ist eine Gruppe von Menschen, die miteinander verwandt sind. Mutter, Vater, Bruder und Schwester sind zum Beispiel eine Familie.

sister – die Schwester

parents – die Eltern

father – der Vater

brother – der Bruder

grandfather – der Großvater

mother – die Mutter

grandmother – die Großmutter

aunt – die Tante

grandparents – die Großeltern

uncle – der Onkel

Your mother and your father are your ...?
Deine Mutter und dein Vater sind deine ...?

friends – die Freunde

girlfriend – die Freundin

boyfriend – der Freund

Parents and children are a ...?
Eltern und Kinder sind eine ...?

cousin – der Cousin

family – die Familie

wife – die Ehefrau

cousin – die Kusine

Vocabulary	**Wortschatz**
baby	das Baby
child	das Kind
daughter	die Tochter
son	der Sohn
born	geboren
married	verheiratet
to die	sterben

husband – der Ehemann

At school
In der Schule

At school you learn to read and write and to do arithmetic. The teacher teaches the pupils in the classroom.

In der Schule lernst du lesen, schreiben und rechnen. Der Lehrer unterrichtet die Schüler im Klassenzimmer.

exercise book – das Schulheft

coloured pencil – der Buntstift

pencil case – das Federmäppchen

ink cartridge – die Füllerpatrone

school bag – der Schulranzen

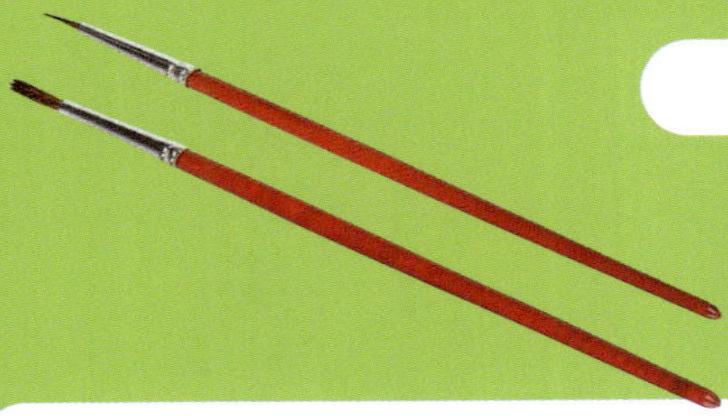

brush – der Pinsel

paintbox – der Malkasten

pencil – der Bleistift

What do you use to cut paper?
Womit kannst du Papier schneiden?

chalk – die Kreide

glue – der Klebstoff

globe – der Globus

a pair of compasses – der Zirkel

pen – der Füller

Vocabulary	**Wortschatz**
to ask	fragen
to think	denken
to learn	lernen
to show	zeigen
to count	zählen
to draw	zeichnen
to sing	singen
pupil	der Schüler
teacher	der Lehrer
classroom	das Klassenzimmer
blackboard	die Tafel
sponge	der Schwamm
report	das Zeugnis

pencil sharpener – der Bleistiftspitzer

ruler – das Lineal

felt-tip pen – der Filzstift

scissors – die Schere

rubber – der Radiergummi

Fruit and vegetables
Obst und Gemüse

A fruit is a part of a plant. Some fruits are very delicious.
Eine Frucht ist ein Teil einer Pflanze. Einige Früchte schmecken sehr gut.

cherry – die Kirsche

strawberry – die Erdbeere

grapes – die Weintrauben

apple – der Apfel

pear – die Birne

peach – der Pfirsich

lemon – die Zitrone

Pineapple, banana or cherry. Which fruit has a stone?
Ananas, Banane oder Kirsche. Welche Frucht hat einen Kern?

orange – die Orange

kiwi fruit – die Kiwi

pineapple – die Ananas

watermelon – die Wassermelone

banana – die Banane

Vegetables are plants with roots and leaves. They are very good for you.
Gemüse sind Pflanzen mit Wurzeln und Blättern. Sie sind sehr gesund.

Which vegetable is long and green?
Welches Gemüse ist lang und grün?

carrot – die Karotte

pepper – die Paprika

asparagus – der Spargel

tomato – die Tomate

broccoli – der Brokkoli

pumpkin – der Kürbis

mushroom – der Pilz

bean – die Bohne

onion – die Zwiebel

Which vegetable makes you cry when you cut it?
Bei welchem Gemüse musst du weinen, wenn du es schneidest?

cucumber – die Gurke

corn – der Mais

cauliflower – der Blumenkohl

herbs – die Kräuter

Animals
Tiere

There are many different kinds of animals in the world.

Es gibt sehr viele unterschiedliche Tierarten auf der Welt.

On the farm
Auf dem Bauernhof

donkey – der Esel

cow – die Kuh

goose – die Gans

cat – die Katze

chick – das Küken

horse – das Pferd

pig – das Schwein

guinea pig
das Meerschweinchen

dog – der Hund

In the forest
Im Wald

hare – der Hase

stag – der Hirsch

frog
der Frosch

lizard
die Eidechse

bird's nest
das Vogelnest

fox
der Fuchs

butterfly
der Schmetterling

At the zoo
Im Zoo

pelican
der Pelikan

seal
der Seehund

penguin
der Pinguin

lion
der Löwe

polar bear
der Eisbär

elephant
der Elefant

giraffe
die Giraffe

rhinoceros
das Nashorn

eagle
der Adler

parrot
der Papagei

vulture
der Geier

On the way
Unterwegs

On land
Auf dem Land

If you want to travel you can go by land, sea or air. There are cars, trains, planes and ships.

Wenn du verreisen willst, kannst du dich auf dem Land, auf dem Wasser oder in der Luft fortbewegen. Es gibt Autos, Eisenbahnen, Flugzeuge und Schiffe.

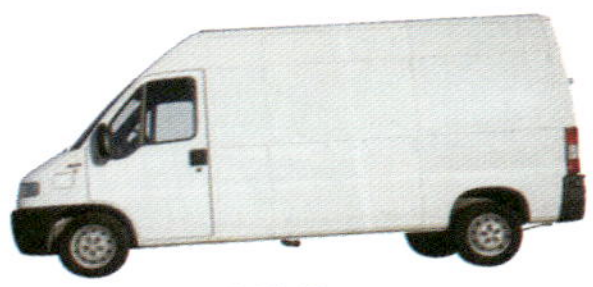

van
der Lieferwagen

police car
das Polizeiauto

fire engine
das Feuerwehrauto

bicycle – das Fahrrad

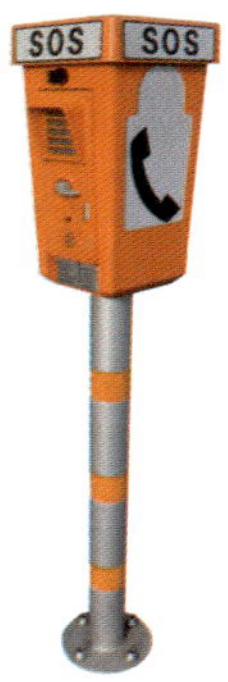

emergency telephone
die Notrufsäule

scooter
der Motorroller

train – der Zug

traffic lights
die Ampel

motorbike
das Motorrad

bus – der Bus

lorry – der Lastwagen

road sign
das Verkehrszeichen

ambulance
der Krankenwagen

car – das Auto

In the air
In der Luft

plane – das Flugzeug

ballooning
das Ballonfahren

helicopter – der Hubschrauber

On water
Auf dem Wasser

lighthouse
der Leuchtturm

sailing boat
das Segelboot

motorboat – das Motorboot

car ferry – die Autofähre

Vocabulary	Wortschatz
road	die Straße
motorway	die Autobahn
car park	der Parkplatz
bus stop	die Bushaltestelle
pavement	der Gehweg
taxi	das Taxi
caravan	der Wohnwagen
camper	das Wohnmobil
traffic jam	der Stau
accident	der Unfall
towtruck	der Abschleppwagen
track	die Schiene
railway station	der Bahnhof
tram	die Straßenbahn
airport	der Flughafen
pilot	der Pilot
passenger	der Passagier
ship	das Schiff
harbour	der Hafen
dinghy	das Schlauchboot

Grammar and pronunciation
Grammatik und Aussprache

Grammatik

Jede Sprache folgt ganz besonderen Regeln, die wie kleine Gebrauchsanweisungen funktionieren.
Hier eine Zusammenfassung der wichtigsten Regeln der englischen Sprache.

Hauptwörter (Substantive)

Englische Hauptwörter werden grundsätzlich klein geschrieben. Es gibt nur wenige Ausnahmen wie Namen, Länder- und Ortsnamen, Wochentage und Monate, die wie im Deutschen groß geschrieben werden.

Mehrzahl (Plural)

Wird im Englischen die Mehrzahlform gebildet, wird an das Hauptwort einfach ein **-s** gehängt. Beispiele:

tree	tree**s**	Baum/Bäume
flower	flower**s**	Blume/Blumen
boy	boy**s**	Junge/Jungen

Auch hier gibt es Ausnahmen wie zum Beispiel:

child	children	Kind/Kinder
foot	feet	Fuß/Füße
leaf	leaves	Blatt/Blätter
mouse	mice	Maus/Mäuse
tooth	teeth	Zahn/Zähne
scarf	scarves	Schal/Schals
woman	women	Frau/Frauen

Artikel

Für „der“, „die“ oder „das“ schreibt man im Englischen nur ein „the“. Beispiele:

die Ameise	the ant
das Kind	the child
der Baum	the tree

Für „ein“ oder „eine“ setzt man „a“ oder „an“. Das Wörtchen „an“ wird geschrieben, wenn das Hauptwort mit einem Selbstlaut (Vokal) wie a, e, i, o, u beginnt.
Beispiele:

a house	an apple
a lion	an elephant

Zeitwörter (Verben)

Wie im Deutschen ändern englische Zeitwörter in der Vergangenheit ihre Form. Hier ein Beispiel, wie es bei den meisten Zeitwörtern funktioniert:
I play (ich spiele), I played (ich spielte), I have played (ich habe gespielt).
Bei manchen Zeitwörtern gibt es unregelmäßige Formen wie zum Beispiel:

be	was, were	been	sein
have	had	had	haben
bear	bore	borne	tragen
do	did	done	tun
eat	ate	eaten	essen
find	found	found	finden
give	gave	given	geben
know	knew	known	wissen
make	made	made	machen
say	said	said	sagen
see	saw	seen	sehen
take	took	taken	nehmen
write	wrote	written	schreiben

Eigenschaftswörter (Adjektive)

Wie im Deutschen können Eigenschaftswörter auch gesteigert werden wie zum Beispiel:
small (klein) – smaller (kleiner) – smallest (am kleinsten)

Auch hier gibt es Ausnahmen wie zum Beispiel:
beautiful (schön), more beautiful (schöner), most beautiful (am schönsten)

Und manchmal sind sie ganz unregelmäßig:

good	better	best	gut
bad	worse	worst	schlecht
much	more	most	viel
little	less	least	wenig

Fürwörter (Personalpronomen)

ich	I	mir, mich	me
du/Sie	you	dir, dich	you
er/sie/es	he/she/it	ihm/ihn, ihr/sie, ihm/es	him/her/it
wir	we	uns	us
ihr/Sie	you	euch	you
sie	they	ihnen, sie	them

Für Dinge steht das Wort „it", für Personen die Wörter „he" und „she".
Im Englischen gibt es den Unterschied zwischen „du" und „Sie" nicht.
Es heißt immer „you".

Lautschriftentabelle

Im Vokabelteil auf den nächsten Seiten findest du bei den englischen Worten die sogenannte Lautschrift. Sie zeigt dir, wie die Wörter ausgesprochen werden. Wenn du dir diese Tabelle anschaust, wirst du feststellen, dass manche Buchstaben im Englischen etwas anders als im Deutschen ausgesprochen werden.

Einige Besonderheiten:

- iː — sind hinter einem Buchstaben der Lautschrift zwei Punkte, wird er lang ausgesprochen, wie das „i" in W**ie**se oder B**ie**ne.
- ˈ — der Apostroph steht vor einer betonten Silbe.
- ə — spricht man wie das „e" von Mutt**e**r oder Schul**e**.
- æ — wird fast wie das deutsche „ä" gesprochen, so wie in B**ä**r oder M**ä**rchen.
- ð θ — Zeichen für „th". Diese Buchstaben werden wie ein gelispeltes „s" ausgesprochen. Einfacher Trick: Steck die Zunge zwischen die Zähne und versuche „ist" oder „See" zu sagen.

Diese Wörter zeigen dir, wem etwas gehört.

mein	my
dein	your
sein/ihr	his/her/its
unser	our
euer/ihr	your
ihr	their

(b) big, table (wie **B**all)
(p) pen, paper (wie **P**ost)
(d) dog, under (wie **d**ann)
(t) ten, later (wie **T**isch)
(ð) the, with (wird weich gelispelt; steck die Zunge zwischen die Zähne und versuche „ist" zu sagen.)
(θ) nothing, thick (wird hart gelispelt; steck die Zunge zwischen die Zähne und versuche „See" zu sagen.)
(g) good, sugar (wie **g**ut)
(k) cake, kitchen (wie **K**ind)
(j) yes, young (wie **j**a)
(l) lamp, colour (wie **L**iebe)
(ŋ) English, long (wie la**ng**)
(r) red, wrong (wie **R**ing)
(s) six, cats (wie Me**ss**er)
(z) zoo, music (wie **s**ein)
(ʃ) ship, fresh (wie **Sch**uh)
(tʃ) chair, teacher (wie **tsch**üss)
(v) very, over (wie **V**ase)
(w) wall, question (*)
(dʒ) jam, German (wie in **Dsch**ungel)
(ʒ) television, usually (wie Gara**g**e)
(ɑː) arm, glass (wie w**a**rm)
(æ) apple, cat (*)
(ʌ) uncle, cup (wie K**a**ppe)
(e) egg, deck (wie w**e**g)
(ɜː) early, bird (fast wie st**ö**rt)
(ə) a, sister (wie Mutt**er**)
(iː) eat, sweet (wie W**ie**se)
(ɪ) ill, pretty (wie Schr**i**tt)
(ɒ) pop, shop (wie R**o**ck)
(ɔː) born, ball (wie H**o**rn)
(uː) who, blue (wie in Sch**u**h)
(ʊ) full, book (wie B**u**tter)
(ʊə) tourist, poor (wie K**ur**)
(aɪ) I, my (wie M**ai**)
(aʊ) house, now (wie mi**au**)
(eɪ) day, eight (*)
(eə) parents, where (wie K**er**n)
(əʊ) old, rose (*)
(ɪə) ear, here (wie v**ier**)
(ɔɪ) boy, oil (wie tr**eu**)

* diese Laute gibt es im Deutschen nicht.

Solutions – Lösungen

Seite 8: breakfast – das Frühstück, lunch – das Mittagessen, dinner – das Abendessen.

Seite 10: jigsaw puzzle – das Puzzle, bricks – die Bauklötze.

Seite 14: toothbrush – die Zahnbürste, soap – die Seife, towel – das Handtuch.

Seite 16: rose – die Rose.

Seite 18: hammer – der Hammer.

Seite 20: doctor – der Arzt, hairdresser – der Friseur.

Seite 22: ski – die Ski, sledge – der Schlitten, skates – die Schlittschuhe.

Seite 26: chemist – die Apotheke, post office – die Post.

Seite 28: ghost train – die Geisterbahn.

Seite 30: sun cream – die Sonnenkreme, straw hat – der Strohhut, beach umbrella – der Sonnenschirm, armband – die Schwimmflügel, rubber ring – der Schwimmreifen.

Seite 32: cheese – der Käse, cake – der Kuchen, icecream – das Eis.

Seite 36/37: What is the colour of the sky? – Welche Farbe hat der Himmel? blue – blau. What are the three primary colours? – Wie heißen die drei Grundfarben? red – rot, blue – blau, yellow – gelb. What colour is a tomato? – Welche Farbe hat eine Tomate? red – rot.

Seite 38/39: What shape is a wheel? – Welche Form hat ein Rad? circle – Kreis. What shape is an envelope? – Welche Form hat ein Briefumschlag? rectangle – Rechteck.

Seite 40/41: Am I small or big? – Bin ich klein oder groß? small – klein I am fast. A snail is ...? – Ich bin schnell. Eine Schnecke ist ...? slow – langsam.

Seite 44/45: How many days are there in a week? – Wie viele Tage hat eine Woche? seven – sieben. In which season can you go sledging? – Zu welcher Jahreszeit kannst du Schlitten fahren? winter – der Winter.

Seite 46/47: How many fingers does a hand have? – Wie viele Finger hat die Hand? five fingers – fünf Finger. When you smile you are ...? – Wenn du lächelst, dann bist du ...? happy – glücklich.

Seite 48/49: Your mother and your father are your ...? – Deine Mutter und dein Vater sind deine ...? parents – Eltern. Parents and children are a ...? – Eltern und Kinder sind eine ...? family – Familie.

Seite 50/51: What do you use to cut paper? – Womit kannst du Papier schneiden? scissors – die Schere. How do you carry your books and exercise books to school? – Worin trägst du deine Bücher und Hefte zur Schule? school bag – der Schulranzen.

Seite 52/53: Pineapple, banana or cherry. Which fruit has a stone? – Ananas, Banane oder Kirsche. Welche Frucht hat einen Kern? cherry – die Kirsche. Which vegetable is long and green? – Welches Gemüse ist lang und grün? cucumber – die Gurke. Which vegetable makes you cry when you cut it? – Bei welchem Gemüse musst du weinen, wenn du es schneidest? onion – die Zwiebel.

Vocabulary
Vokabeln

A

Abschleppseil *n*	tow rope	['təʊ rəʊp]
Abschleppwagen *m*	towtruck	['təʊtrʌk]
Achterbahn *w*	roller coaster	['rəʊləʳ ˌkəʊstəʳ]
Adler *m*	eagle	['i:gḷ]
Aktenordner *m*	file	[faɪl]
Aktentasche *w*	briefcase	['bri:fkeɪs]
Ampel *w*	traffic lights	['træfɪk laɪts]
Ananas *w*	pineapple	['paɪnæpḷ]
anprobieren	to try on	[traɪ ɒn]
anziehen	to put on	[pʊt ɒn]
Anzug *m*	suit	[su:t]
Apfel *m*	apple	['æpḷ]
Apotheke *w*	chemist	['kemɪst]
Arm *m*	arm	[ɑ:m]
Armbanduhr *w*	watch	[wɒtʃ]
Arzneischrank *m*	medicine cabinet	[ˌmedsᵊn 'kæbɪnət]
Arzt *m*	doctor	['dɒktəʳ]
atmen	to breathe	[bri:ð]
aufräumen	to tidy up	['taɪdi ʌp]
aufstehen	to get up	[get ʌp]
aufwachen	to wake up	[weɪk ʌp]
Auge *n*	eye	[aɪ]
Augenbraue *w*	eyebrow	['aɪbraʊ]
Augenwimpern *w*	eyelashes	['aɪlæʃɪz]
(sich) ausruhen	to rest	[rest]
Auto *n*	car	[kɑ:ʳ]
Autobahn *w*	motorway	['məʊtəʳweɪ]
Autofähre *w*	car ferry	['kɑ:ʳ feri]
Automechaniker *m*	car mechanic	['kɑ:ʳ mɪˌkænɪk]
Axt *w*	axe	[æks]

B

Baby *n*	baby	['beɪbi]
backen	to bake	[beɪk]
Bäcker *m*	baker	['beɪkəʳ]
Backofen *m*	oven	['ʌvᵊn]
Badeente *w*	rubber duck	['rʌbəʳ dʌk]
Badehose *w*	swimming trunks	['swɪmɪŋ trʌŋks]
Badewanne *w*	bathtub	['bɑ:θtʌb]
Badezimmer *n*	bathroom	['bɑ:θru:m]
Bahnhof *m*	railway station	['reɪlweɪ ˌsteɪʃᵊn]
Ball *m*	ball	[bɔ:l]
Banane *w*	banana	[bə'nɑ:nə]
Bandmaß *n*	tape measure	['teɪp ˌmeʒəʳ]
Bank *w* (Geldinstitut)	bank	[bæŋk]
Bank *w* (zum Sitzen)	bench	[bentʃ]
Baseball *m*	baseball	['beɪsbɔ:l]
Basketball *m*	basketball	['bɑ:skɪtbɔ:l]
Batterie *w*	battery	['bætᵊri]
Bauch *m*	stomach	['stʌmək]
Bauchnabel *m*	navel	['neɪvᵊl]
Bauer *m*	farmer	['fɑ:məʳ]
Bauernhof *m*	farm	[fɑ:m]
Bauklötze *m*	bricks	[brɪks]
Baum *m*	tree	[tri:]
Becher *m*	mug	[mʌg]
Bein *n*	leg	[leg]
Benzinkanister *m*	petrol can	['petrᵊl kæn]
beschäftigt sein	to be busy	[bi: 'bɪzi]
Besen *m*	broom	[bru:m]
Besteck *n*	cutlery	['kʌtlᵊri]
Bett *n*	bed	[bed]
bewölkt	cloudy	['klaʊdi]
Bikini *m*	bikini	[bɪ'ki:ni]
Bilderrahmen *m*	picture frame	['pɪktʃəʳ freɪm]
Birne *w*	pear	[peəʳ]
Blatt *n*, Blätter	leaf, leaves	[li:f, li:vz]
blau	blue	[blu:]
Bleistift *m*	pencil	['pen(t)sᵊl]
Bleistiftspitzer *m*	pencil sharpener	['pen(t)sᵊl ʃɑ:pᵊnəʳ]
Blitz *m*	lightning	['laɪtnɪŋ]
Blockflöte *w*	recorder	[rɪ'kɔ:dəʳ]
Blume *w*	flower	['flaʊəʳ]
Blumenkohl *m*	cauliflower	['kɒliflaʊəʳ]
Blumentopf *m*	flower pot	['flaʊəʳ pɒt]
Bohne *w*	bean	[bi:n]
Bohrmaschine *w*	drill	[drɪl]
Bonbon *n*	sweet	[swi:t]
Bratpfanne *w*	fryingpan	['fraɪɪŋpæn]
braun	brown	[braʊn]
Briefumschlag *m*	envelope	['envələʊp]
Brokkoli *m*	broccoli	['brɒkᵊli]
Brot *n*	bread	[bred]
Bruder *m*	brother	['brʌðəʳ]
Brust *w*	breast	[brest]
Buch *n*	book	[bʊk]
Bücherschrank *m*	bookcase	['bʊkkeɪs]
Buchhandlung *w*	bookshop	['bʊkʃɒp]
Bügeleisen *n*	iron	['aɪən]
Buntstift *m*	coloured pencil	['kʌləd ˌpen(t)sᵊl]
Büro *n*	office	['ɒfɪs]
Büroklammer *w*	paperclip	['peɪpəʳklɪp]
Bürostuhl *m*	office chair	['ɔfɪs tʃeəʳ]
Bus *m*	bus	[bʌs]
Busfahrer *m*	bus driver	['bʌs ˌdraɪvəʳ]
Bushaltestelle *w*	bus stop	['bʌs stɒp]

C

Computer *m*	computer	[kəm'pju:təʳ]
Cousin *m*	cousin	['kʌzᵊn]

D

Dach *n*	roof	[ru:f]
Dachboden *m*	attic	['ætɪk]
Dartspiel *n*	dartboard	['dɑ:tbɔ:d]
Daumen *m*	thumb	[θʌm]
denken	to think	[θɪŋk]
Donner *m*	thunder	['θʌndəʳ]
Dose *w*	tin	[tɪn]
Drachenfliegen *n*	hang-gliding	['hæŋˌglaɪdɪŋ]
Dreieck *n*	triangle	['traɪæŋgḷ]
Drucker *m*	printer	['prɪntəʳ]
Dusche *w*	shower	['ʃaʊəʳ]
(sich) duschen	to take a shower	['teɪk ə 'ʃaʊəʳ]
DVD-Player *m*	DVD player	[ˌdi:vi:'di: ˌpleɪəʳ]

E

Ehefrau *w*, Ehefrauen	wife, wives	[waɪf, waɪvz]
Ehemann *m*	husband	['hʌzbən(d)]
Ei *n*	egg	[eg]
Eidechse *w*	lizard	['lɪzəd]
Eimer *m*	bucket	['bʌkɪt]
einkaufen	to shop	[ʃɒp]
Einkaufstüte *w*	shopping bag	['ʃɒpɪŋ bæg]
einschalten	to switch on	[swɪtʃ ɒn]
Eis *n*	ice cream	[ˌaɪs 'krɪ:m]
Eisbär *m*	polar bear	[ˌpəʊləʳ 'beəʳ]
Eishockeyspieler *m*	ice hockey player	[ˌaɪshɒki 'pleɪəʳ]
Elefant *m*	elephant	['elɪfənt]
Elektriker *m*	electrician	[ˌelɪk'trɪʃᵊn]
Ellbogen *m*	elbow	['elbəʊ]
Eltern	parents	['peəᵊnts]
Ente *w*	duck	[dʌk]
Erdbeere *w*	strawberry	['strɔ:bᵊri]
Esel *m*	donkey	['dɒŋki]
essen	to eat	[i:t]

m = männlich (Maskulinum); *n* = sächlich (Neutrum); *w* = weiblich (Femininum)

Essig *m*	vinegar	['vɪnɪgəʳ]

F

Fahrrad *n*	bicycle	['baɪsɪkl̩]
Fahrrad fahren	to cycle	['saɪkl̩]
Familie *w*	family	['fæmᵊli]
fangen	to catch	[kætʃ]
Farbe *w*	colour	['kʌləʳ]
Farbtopf *m*	paint pot	['peɪnt pɒt]
Federbett *n*	duvet	['dju:veɪ]
Federmäppchen *n*	pencil case	['pens(t)sᵊl keɪs]
Feile *w*	file	[faɪl]
Fels *m*	rock	[rɒk]
Fenster *n*	window	['wɪndəʊ]
Fernbedienung *w*	remote control	[rɪ'məʊt kən'trəʊl]
fernsehen	to watch TV	[wɒtʃ ˌti:'vi:]
Fernseher *m*	television	['telɪvɪʒᵊn]
Ferse *w*	heel	[hi:l]
Feuerwehrauto *n*	fire engine	['faɪəʳ endʒɪn]
Feuerwehrmann *m*	fireman	['faɪəʳmən]
Filzstift *m*	felt-tip pen	['felttɪp ˌpen]
Finger *m*	finger	['fɪŋgəʳ]
Fisch *m*	fish	[fɪʃ]
Fischhändler *m*	fishmonger	['fɪʃˌmʌŋgəʳ]
Fitnessraum *m*	fitness room	['fɪtnəs ru:m]
Flasche *w*	bottle	['bɒtl̩]
Fleisch *n*	meat	[mi:t]
Flossen *w*	flippers	['flɪpəʳz]
Flughafen *m*	airport	['eəʳpɔ:t]
Flugzeug *n*	plane	[pleɪn]
Fön *m*	hairdrier	['heəʳ draɪəʳ]
Form *w*	shape	[ʃeɪp]
fragen	to ask	[a:sk]
Frau *w*, Frauen	woman, women	['wʊmən, 'wɪmɪn]
Freund *m*	boyfriend	['bɔɪfrend]
Freunde	friends	[frendz]
Freundin *w*	girlfriend	['gɜ:lfrend]
Friseur *m*	hairdresser	['heəʳdresəʳ]
Frosch *m*	frog	[frɒg]
Frucht *w*	fruit	[fru:t]
Frühling *m*	spring	[sprɪŋ]
Frühstück *n*	breakfast	['brekfəst]
Fuchs *m*	fox	[fɒks]
fühlen	to feel	[fi:l]
Füller *m*	pen	[pen]
Füllerpatrone *w*	ink cartridge	['ɪŋk ˌka:trɪdʒ]
Fuß *m*, Füße	foot, feet	[fʊt, fi:t]
Fußball *m*	football	['fʊtbɔ:l]

G

Gabel *w*	fork	[fɔ:k]
Gans *w*, Gänse	goose, geese	[gu:s, gi:s]
Garten *m*	garden	['ga:dᵊn]
Gartenhandschuh *m*	gardening glove	['ga:dᵊnɪŋ glʌv]
Gartenschere *w*	secateurs	[ˌsekə'tɜ:z]
Gartenschlauch *m*	garden hose	['ga:dᵊn həʊz]
Gärtner *m*	gardener	['ga:dᵊnəʳ]
geboren	born	[bɔ:n]
Geflügel *n*	poultry	['pəʊltri]
Gegensatz *m*	opposite	['ɒpəzɪt]
Gehweg *m*	pavement	['peɪvmənt]
Geier *m*	vulture	['vʌltʃəʳ]
Geisterbahn *w*	ghost train	['gəʊst treɪn]
gelb	yellow	['jeləʊ]
Gemälde *n*	painting	['peɪntɪŋ]
Gemüse *n*	vegetables	['vedʒtəblz]
Geschäft *n*	shop	[ʃɒp]
Geschenk *n*	present	['prezᵊnt]
Geschirr *n*	dishes	[dɪʃɪz]
Geschirrspülmaschine *w*	dishwasher	['dɪʃˌwɒʃəʳ]
geschlossen	closed	['kləʊzd]
Gesicht *n*	face	[feɪs]
gesund	healthy	['helθi]
Gewürz *n*	spice	[spaɪs]
gießen	to water	['wɔ:təʳ]
Gießkanne *w*	watering can	['wɔ:tᵊrɪŋ kæn]
Giraffe *w*	giraffe	[dʒɪ'ra:f]

Gitarre *w*	guitar	[gɪ'ta:ʳ]
Glas *n*	glass	[gla:s]
Globus *m*	globe	[gləʊb]
glücklich	happy	['hæpi]
Glühbirne *w*	light bulb	['laɪt bʌlb]
golden	gold	[gəʊld]
graben	to dig	[dɪg]
Gras *n*	grass	[gra:s]
grau	grey	[greɪ]
groß	big	[bɪg]
Großeltern	grandparents	['grænd,peərᵊnts]
Großmutter *w*	grandmother	['grænd,mʌðəʳ]
Großvater *m*	grandfather	['grænd,fa:ðəʳ]
grün	green	[gri:n]
Gummistiefel *m*	wellington	['welɪŋtən]
Gurke *w*	cucumber	['kju:kʌmbəʳ]
Gürtel *m*	belt	[belt]

H

Haar *n*	hair	[heəʳ]
Haarbürste *w*	hairbrush	['heəʳbrʌʃ]
Haarspange *w*	hairslide	['heəʳslaɪd]
Hafen *m*	harbour	['ha:bəʳ]
Halbmond *m*	half moon	[ˌha:f 'mu:n]
Hals *m*	neck	[nek]
Hammer *m*	hammer	['hæməʳ]
Hand *w*	hand	[hænd]
Handpuppe *w*	hand puppet	['hænd ˌpʌpɪt]
Handschuh *m*	glove	[glʌv]
Handtuch *n*	towel	['taʊəl]
hart	hard	[ha:d]
Hase *m*	hare	[heəʳ]
heben	to lift	[lɪft]
Hecke *w*	hedge	[hedʒ]
Hefter *m*	stapler	['steɪpləʳ]
Heizkörper *m*	radiator	['reɪdieɪtəʳ]
Hemd *n*	shirt	[ʃɜ:t]
Herbst *m*	autumn	['ɔ:təm]
Herd *m*	cooker	['kʊkəʳ]
Herz *n*	heart	[ha:t]
Himmel *m*	sky	[skaɪ]
Hirsch *m*	stag	[stæg]
Hitze *w*	heat	[hi:t]
Hobbyraum *m*	hobby room	['hɒbi ru:m]
Hobel *m*	plane	[pleɪn]
Hockeyschläger *m*	hockey stick	['hɒki stɪk]
hören	to hear	[hɪəʳ]
Hose (kurz) *w*	shorts	[ʃɔ:ts]
Hose (lang) *w*	trousers	['traʊzəz]
Hubschrauber *m*	helicopter	['helɪkɒptəʳ]
Huhn *n*	chicken	['tʃɪkɪn]
Hund *m*	dog	[dɒg]
Hüpfburg *w*	bouncy castle	['baʊn(t)si ˌka:sl̩]
hüpfen	to hop	[hɒp]
Hut *m*	hat	[hæt]

I

Inlineskaten *n*	rollerblading	['rəʊləʳbleɪdɪŋ]

J

Jacke *w*	jacket	['dʒækɪt]
Jahr *n*	year	[jɪəʳ]
Jahreszeit *w*	season	['si:zᵊn]
jäten	to weed	[wi:d]
Junge *m*	boy	[bɔɪ]

K

Kaffeemaschine *w*	coffee machine	['kɒfi: məˌʃi:n]
Kamin *m*	fireplace	['faɪəʳpleɪs]
Kamm *m*	comb	[kəʊm]
Karotte *w*	carrot	['kærət]
Karussell *n*	merry-go-round	['merigəʊˌraʊnd]
Käse *m*	cheese	[tʃi:z]
Katze *w*	cat	[kæt]
kaufen	to buy	[baɪ]
Kaufhaus *n*	department store	[dɪ'pa:tmənt stɔ:ʳ]
Kegel (Form) *m*	cone	[kəʊn]
Kegel (Spiel) *m*	skittle	['skɪtl̩]
kehren	to sweep	[swi:p]
Kehrschaufel *w*	dustpan	['dʌstpæn]

Keller *m*	cellar	['seləʳ]
Kellner *m*, Kellnerin *w*	waiter, waitress	['weɪtəʳ, 'weɪtrɪs]
Kerze *w*	candle	['kændl̩]
Kerzenhalter *m*	candlestick	['kændl̩stɪk]
Kind *n*, Kinder	child, children	[tʃaɪld, 'tʃɪldrᵊn]
Kinderzimmer *n*	children's room	['tʃɪldrᵊns ru:m]
Kinn *n*	chin	[tʃɪn]
Kino *n*	cinema	['sɪnəmə]
Kirsche *w*	cherry	['tʃeri]
Kissen *n*	cushion	['kʊʃᵊn]
Kiwi *w*	kiwi fruit	['ki:wi: fru:t]
Klassenzimmer *n*	classroom	['klɑ:sru:m]
Klebstoff *m*	glue	[glu:]
Kleeblatt *n*	cloverleaf	['kləʊvə'li:f]
Kleid *n*	dress	[dres]
Kleiderbügel *m*	coat hanger	['kəʊt ˌhæŋəʳ]
Kleiderschrank *m*	wardrobe	['wɔ:drəʊb]
klein	small	[smɔ:l]
Klettergerüst *n*	climbing frame	['klaɪmɪŋ freɪm]
Klingel *w*	doorbell	['dɔ:bel]
Klippe *w*	cliff	[klɪf]
Knie *n*	knee	[ni:]
Kniestrümpfe *m*	knee-socks	['ni:sɒks]
Knöchel *m*	ankle	['æŋkl̩]
Knopf *m*	button	['bʌtᵊn]
Koch *m*	cook	[kʊk]
kochen	to cook	[kʊk]
Kochlöffel *m*	wooden spoon	[ˌwʊdᵊn 'spu:n]
Koffer *m*	suitcase	['su:tkeɪs]
Kommode *w*	chest of drawers	[ˌtʃest əv 'drɔ:z]
Kopf *m*	head	[hed]
Kopfkissen *n*	pillow	['pɪləʊ]
Korb *m*	basket	['bɑ:skɪt]
Körper *m*	body	['bɒdi]
krank	ill	[ɪl]
Krankenwagen *m*	ambulance	['æmbjələn(t)s]
Kräuter	herbs	[hɜ:bz]
Kreide *w*	chalk	[tʃɔ:lk]
Kreis *m*	circle	['sɜ:kl̩]
Kuchen *m*	cake	[keɪk]
Kugel *w*	ball	[bɔ:l]
Kugelschreiber *m*	ballpoint pen	['bɔ:lpɔɪnt ˌpen]
Kuh *w*	cow	[kaʊ]
Küche *w*	kitchen	['kɪtʃɪn]
Küchenwecker *m*	kitchen clock	['kɪtʃɪn ˌklɒk]
Kühlschrank *m*	fridge	[frɪdʒ]
Küken *n*	chick	[tʃɪk]
Kürbis *m*	pumpkin	['pʌmpkɪn]
kurz	short	[ʃɔ:t]
Kusine *w*	cousin	['kʌzᵊn]

L

lächeln	to smile	[smaɪl]
lachen	to laugh	[lɑ:f]
Lakritze *w*	liquorice	['lɪkᵊrɪs]
Lampion *m*	lantern	['læntən]
lang	long	[lɒŋ]
Lastwagen *m*	lorry	['lɒri]
leer	empty	['em(p)ti]
Lehrer *m*, Lehrerin *w*	teacher	['ti:tʃəʳ]
leicht	light	[laɪt]
Leiter *w*	ladder	['lædəʳ]
Lenkrad *n*	steering wheel	['stɪəʳɪŋ wi:l]
lernen	to learn	[lɜ:n]
Leuchtturm *m*	lighthouse	['laɪthaʊs]
Lichtschalter *m*	light switch	['laɪt swɪtʃ]
Lieferwagen *m*	van	[væn]
liegen	to lie	[laɪ]
Liegestuhl *m*	deckchair	['dektʃeəʳ]
lila	purple	['pɜ:pl̩]
Lineal *n*	ruler	['ru:ləʳ]
Lippe *w*	lip	[lɪp]
Locher *m*	hole-puncher	['həʊlpʌn(t)ʃəʳ]
Löffel *m*	spoon	[spu:n]
Löwe *m*	lion	['laɪən]
Luftballon *m*	balloon	[bə'lu:n]
Luftmatratze *w*	air-bed	['eəʳbed]
Lupe *w*	magnifying glass	['mægnɪfaɪɪŋ glɑ:s]
Lutscher *m*	lollipop	['lɒlipɒp]

M

Mädchen *n*	girl	[gɜ:l]
mähen	to mow	[məʊ]
Mais *m*	corn	[kɔ:n]
malen	to paint	[peɪnt]
Malkasten *m*	paintbox	['peɪntbɒks]
Mandeln, gebrannte *w*	sugar almonds	[ˌʃʊgəʳ 'ɑ:məndz]
Mann *m*, Männer	man, men	[mæn, men]
Mantel *m*	coat	[kəʊt]
Marienkäfer *m*	ladybird	['leɪdibɜ:d]
Marmelade *w*	jam	[dʒæm]
Marmeladenglas *n*	jam jar	['dʒæm ˌdʒɑ:ʳ]
Maske *w*	mask	[mɑ:sk]
Meerschweinchen *n*	guinea pig	['gɪni pɪg]
Messer *n*, Messer	knife, knives	[naɪf, naɪvz]
Metzger *m*	butcher	['bʊtʃəʳ]
Milch *w*	milk	[mɪlk]
Mineralwasser *n*	mineral water	['mɪnᵊrᵊl ˌwɔ:təʳ]
Möbel *n*	furniture	['fɜ:nɪtʃəʳ]
Mobiltelefon *n*	mobile phone	['məʊbaɪl fəʊn]
Monat *m*	month	[mʌn(t)θ]
Morgenmantel *m*	dressing gown	['dresɪŋ gaʊn]
Motorboot *n*	motorboat	['məʊtəʳbəʊt]
Motorrad *n*	motorbike	['məʊtəʳbaɪk]
Motorroller *m*	scooter	['sku:təʳ]
Mülleimer *m*	rubbish bin	['rʌbɪʃ bɪn]
Mund *m*	mouth	[maʊθ]
Muschel *w*	shell	[ʃel]
Musik *w*	music	['mju:zɪk]
Mutter *w*	mother	['mʌðəʳ]

N

Nachmittag *m*	afternoon	[ˌɑ:ftə'nu:n]
Nacht *w*	night	[naɪt]
Nachthemd *n*	nightdress	['naɪtdres]
Nagel *m*	nail	[neɪl]
Nagelfeile *w*	nail file	['neɪl faɪl]
Nagelschere *w*	nail scissors	['neɪl ˌsɪzəz]
nähen	to sew	[səʊ]
Nase *w*	nose	[nəʊz]
Nashorn *n*	rhinoceros	[raɪ'nɒsᵊrəs]
Nebel *m*	fog	[fɒg]
neblig	foggy	['fɒgi]
Netz *n*	net	[net]
Notrufsäule *w*	emergency telephone	[ɪ'mɜ:dʒən(t)si ˌtelɪfəʊn]
Nudeln *w*	noodles	['nu:dlz]
Nuss *w*	nut	[nʌt]

O

Obst *n*	fruit	[fru:t]
Obst- und Gemüsehändler *m*	greengrocer	['gri:nˌgrəʊsəʳ]
offen	open	['əʊpᵊn]
öffnen, aufmachen	to open	['əʊpᵊn]
Ohr *n*	ear	[ɪəʳ]
Öl *n*	oil	[ɔɪl]
Onkel *m*	uncle	['ʌŋkl̩]
orange	orange	['ɒrɪndʒ]
Orange *w*	orange	['ɒrɪndʒ]
Oval *n*	oval	['əʊvᵊl]

P Q

Papagei *m*	parrot	['pærət]
Papier *n*	paper	['peɪpəʳ]
Papierkorb *m*	wastepaper basket	[ˌweɪstˌpeɪpəʳ 'bɑ:skɪt]
Paprika *w*	pepper	['pepəʳ]
Parfüm *n*	perfume	['pɜ:fju:m]
Parkplatz *m*	car park	['kɑ:ʳ pɑ:k]
Parkscheibe *w*	parking disc	['pɑ:kɪŋ dɪsk]
Passagier *m*	passenger	['pæsᵊndʒəʳ]
Pelikan *m*	pelican	['pelɪkᵊn]
Personenwaage *w*	bathroom scales	['bɑ:θru:m ˌskeɪlz]
Pfeffer *m*	pepper	['pepəʳ]
Pfeil *m*	dart	[dɑ:t]
Pferd *n*	horse	[hɔ:s]

Pfirsich *m*	peach	[piːtʃ]
Pflanze *w*	plant	[plɑːnt]
pflanzen	to plant	[plɑːnt]
pflücken	to pick	[pɪk]
Pilot *m*	pilot	['paɪlət]
Pilz *m*	mushroom	['mʌʃruːm]
Pinguin *m*	penguin	['peŋgwɪn]
pink, rosa	pink	[pɪŋk]
Pinsel *m*	brush	[brʌʃ]
Pinzette *w*	tweezers	['twiːzəz]
Polizeiauto *n*	police car	[pə'liːs kɑːʳ]
Polizist *m*	policeman	[pə'liːsmən]
Pommes frites	chips	[tʃɪps]
Popcorn *n*	popcorn	['pɒpkɔːn]
Post *w*	post office	['pəʊst,ɒfɪs]
Postbote *m*	postman	['pəʊstmən]
Pullover *m*	jumper	[,dʒʌmpəʳ]
Puppe *w*	doll	[dɒl]
Puppentheater *n*	puppet-show	['pʌpɪtʃəʊ]
putzen	to clean	[kliːn]
Puzzle *n*	jigsaw puzzle	['dʒɪgsɔː ,pʌzl]
Quadrat *n*	square	[skweəʳ]

R

Radiergummi *m*	rubber	['rʌbəʳ]
Radio *n*	radio	['reɪdiəʊ]
Rasenmäher *m*	lawnmower	['lɔːn,məʊəʳ]
(sich) rasieren	to shave	[ʃeɪv]
Raute *w*	rhombus	['rɒmbəs]
Rechen *m*	rake	[reɪk]
Rechteck *n*	rectangle	['rektæŋgl]
Regal *n*, Regale	shelf, shelves	[ʃelf, ʃəlvz]
Regen *m*	rain	[reɪn]
Regenbogen *m*	rainbow	['reɪnbəʊ]
Regenmantel *m*	raincoat	['reɪnkəʊt]
Regenschirm *m*	umbrella	[ʌm'brelə]
Reifen *m*	tyre	[taɪəʳ]
Reis *m*	rice	[raɪs]
reiten, fahren	to ride	[raɪd]
rennen, laufen	to run	[rʌn]
reparieren	to mend	[mend]
Riesenrad *n*	Ferris wheel	['ferɪs wiːl]
Ring *m*	ring	[rɪŋ]
Rock *m*	skirt	[skɜːt]
rosa	pink	[pɪŋk]
rot	red	[red]
Rückspiegel *m*	rear-view mirror	[,rɪəʳvjuː'mɪrəʳ]
Rummelplatz *m*	fun fair	['fʌn feəʳ]
Rutsche *w*	slide	[slaɪd]

S

Saft *m*	juice	[dʒuːs]
Säge *w*	saw	[sɔː]
Salat *m*	salad	['sæləd]
Salz *n*	salt	[sɔːlt]
Sand *m*	sand	[sænd]
Sandförmchen *n*	sand mould	['sænd məʊld]
Sanduhr *w*	hourglass	['aʊəʳglɑːs]
sauer	sour	['saʊəʳ]
Schal *m*	scarf	[skɑːf]
Schatten *m*	shade	[ʃeɪd]
Schaukel *w*	swing	[swɪŋ]
Schaukelstuhl *m*	rocking chair	['rɒkɪŋ tʃeəʳ]
Schere *w*	scissors	['sɪzəz]
Schiene *w*	track	[træk]
Schiff *n*	ship	[ʃɪp]
Schlafanzug *m*	pyjamas	[pɪd'ʒɑːməz]
schlafen	to sleep	[sliːp]
Schlafzimmer *n*	bedroom	['bedruːm]
Schlauchboot *n*	dinghy	['dɪŋgi]
schließen	to close	[kləʊz]
Schlitten *m*	sledge	[sledʒ]
Schlittschuh *m*	skate	[skeɪt]
schmecken	to taste	[teɪst]
Schmetterling *m*	butterfly	['bʌtəflaɪ]
Schnee *m*	snow	[snəʊ]
schneiden	to cut	[kʌt]

Schneider *m*	tailor	['teɪləʳ]
Schnorchel *m*	snorkel	['snɔːkᵊl]
Schnur *w*	cord	[kɔːd]
Schokolade *w*	chocolate	['tʃɒkᵊlət]
Schrank *m*	cupboard	['kʌbəd]
Schraube *w*	screw	[skruː]
Schraubenschlüssel *m*	spanner	['spænəʳ]
Schraubenzieher *m*	screwdriver	['skruː ,draɪvəʳ]
Schreibtisch *m*	desk	[desk]
Schubkarre *w*	wheelbarrow	['wiːlbærəʊ]
Schuh *m*	shoe	[ʃuː]
Schule *w*	school	[skuːl]
Schüler *m*, Schülerin *w*	pupil	['pjuːpᵊl]
Schulheft *n*	exercise book	['eksəsaɪz bʊk]
Schulranzen *m*	school bag	['skuːl bæg]
Schulter *w*	shoulder	['ʃəʊldəʳ]
Schwamm *m*	sponge	[spʌndʒ]
schwarz	black	[blæk]
Schwein *n*	pig	[pɪg]
schwer	heavy	['hevi]
Schwester *w*	sister	['sɪstəʳ]
Schwimmbrille *w*	goggles	['gɒglz]
schwimmen	to swim	[swɪm]
Schwimmflügel *m*	armband	['ɑːmbænd]
Schwimmreifen *m*	rubber ring	['rʌbəʳ rɪŋ]
Schwimmweste *w*	life jacket	['laɪf ,dʒækɪt]
Seehund *m*	seal	[siːl]
Segelboot *n*	sailing boat	['seɪlɪŋ bəʊt]
sehen	to see	[siː]
Seife *w*	soap	[səʊp]
Sekundenzeiger *m*	second hand	[,sekᵊnd 'hænd]
Senf *m*	mustard	['mʌstəd]
Sessel *m*	armchair	['ɑːmtʃeəʳ]
Shampoo *n*	shampoo	[ʃæm'puː]
Sicherheitsgurt *m*	seat belt	['siːt belt]
silber	silver	['sɪlvəʳ]
singen	to sing	[sɪŋ]
sitzen	to sit	[sɪt]
Skateboardfahren *n*	skateboarding	['skeɪt,bɔːdɪŋ]
Skifahren *n*	skiing	['skiːɪŋ]
Skistock *m*	ski pole	['skiː pəʊl]
Socke *w*	sock	[sɒk]
Sofa *n*	sofa	['səʊfə]
Sohn *m*	son	[sʌn]
Sommer *m*	summer	['sʌməʳ]
Sonne *w*	sun	[sʌn]
(sich) sonnen	to sunbathe	['sʌnbeɪð]
Sonnenblume *w*	sunflower	['sʌn,flaʊəʳ]
Sonnenbrille *w*	sunglasses	['sʌn,glɑːsɪz]
Sonnenhut *m*	sun hat	['sʌn hæt]
Sonnenkreme *w*	sun cream	['sʌn kriːm]
Sonnenschirm *m*	beach umbrella	['biːtʃ ʌm,brelə]
sonnig	sunny	['sʌni]
Soße *w*	sauce	[sɔːs]
Spargel *m*	asparagus	[ə'spærəgəs]
Spaten *m*	spade	[speɪd]
Spiegel *m*	mirror	['mɪrəʳ]
Spiegelkabinett *n*	hall of mirrors	['hɔːl əv ,mɪrəʳz]
Spielbrett *n*	board game	['bɔːd geɪm]
spielen	to play	[pleɪ]
Spielkarte *w*	playing card	['pleɪɪŋ kɑːd]
Spielplatz *m*	playground	['pleɪgraʊnd]
Spielstein *m*	counter	['kaʊntəʳ]
Spielzeugauto *n*	toy car	['tɔɪ ,kɑːʳ]
Spielzeugkiste *w*	toy box	['tɔɪ ,bɒks]
spitz	pointed	['pɔɪntɪd]
Sportbekleidung *w*	sportswear	[spɔːtsweəʳ]
Sportschuhe *m*	trainers	['treɪnəʳz]
springen	to jump	[dʒʌmp]
Spüle *w*	sink	[sɪŋk]
Stau *m*	traffic jam	['træfɪk dʒæm]
Staubsauger *m*	vacuum cleaner	['vækjuːm ,kliːnəʳ]
Steckdose *w*	socket	['sɒkɪt]
Stecknadel *w*	pin	[pɪn]
Stein *m*	stone	[stəʊn]

Stempel *m*	stamp	[stæmp]
Steppdecke *w*	quilt	[kwɪlt]
sterben	to die	[daɪ]
Stern *m*	star	[stɑːʳ]
Stiefel *m*	boot	[buːt]
Stoppuhr *w*	stopwatch	['stɒpwɒtʃ]
Strand *m*	beach	[biːtʃ]
Strandschuhe *m*	flip-flops	['flɪpflɒps]
Strandtasche *w*	beach bag	['biːtʃ bæg]
Straße *w*	road	[rəʊd]
Straßenbahn *w*	tram	[træm]
Straßenkarte *w*	street map	['striːt mæp]
Streichholz *n*	match	[mætʃ]
Strickjacke *w*	cardigan	['kɑːdɪgən]
Strohhut *m*	straw hat	['strɔː ˌhæt]
Strumpfhose *w*	tights	[taɪts]
Stuhl *m*	chair	[tʃeəʳ]
stumpf	rounded	['raʊndɪd]
Sturm *m*	storm	[stɔːm]
Supermarkt *m*	supermarket	['suːpəˌmɑːkɪt]
Suppe *w*	soup	[suːp]
süß	sweet	[swiːt]
Süßigkeiten *w*	sweets	[swiːts]

T

Tachometer *m*	speedometer	[spiː'dɒmɪtəʳ]
Tafel *w*	blackboard	['blækbɔːd]
Tag *m*	day	[deɪ]
Tankstelle *w*	petrol station	['petrᵊl ˌsteɪʃᵊn]
Tante *w*	aunt	[ɑːnt]
Tapete *w*	wallpaper	['wɔːlˌpeɪpəʳ]
Taschenlampe *w*	torch	[tɔːtʃ]
Taschenuhr *w*	pocket watch	['pɒkɪt wɒtʃ]
Tasse *w*	cup	[kʌp]
Tastatur *w*	keyboard	['kiːbɔːd]
tauchen	to dive	[daɪv]
Taxi *n*	taxi	['tæksi]
Teddy *m*	teddy bear	['tedi beəʳ]
Teekanne *w*	teapot	['tiːpɒt]
Teich *m*	pond	[pɒnd]
Telefon *n*	phone	[fəʊn]
Teller *m*	plate	[pleɪt]
Tennis *n*	tennis	['tenɪs]
Tennisschläger *m*	tennis racket	['tenɪs ˌrækɪt]
Teppich *m*	carpet	['kɑːpɪt]
Terrasse *w*	patio	['pætiəʊ]
Tier *n*	animal	['ænɪmᵊl]
Tisch *m*	table	['teɪbl̩]
Tischlampe *w*	table lamp	['teɪbl̩ læmp]
Toaster *m*	toaster	['təʊstəʳ]
Tochter *w*	daughter	['dɔːtəʳ]
Toilette *w*	toilet	['tɔɪlɪt]
Tomate *w*	tomato	[tə'mɑːtəʊ]
Topf *m*	pot	[pɒt]
tragen	to carry	['kæri]
trainieren, üben	to exercise	['eksəsaɪz]
träumen	to dream	[driːm]
traurig	sad	[sæd]
Treppe *w*	stairs	[steəʳz]
trinken	to drink	[drɪŋk]
Trommel *w*	drum	[drʌm]
Tür *w*	door	[dɔːʳ]
Türgriff *m*	door handle	['dɔːʳ hændl̩]
Turnen *n*	gymnastics	[dʒɪm'næstɪks]

U V

Uhr *w*	clock	[klɒk]
Uhrzeit *w*	time	[taɪm]
Unfall *m*	accident	['æksɪdᵊnt]
(sich) unterhalten	to talk	[tɔːk]
Unterhemd *n*	vest	[vest]
Unterhose *w*	pants	[pænts]
Vase *w*	vase	[vɑːz]
Vater *m*	father	['fɑːðəʳ]
Verbandskasten *m*	first-aid kit	[ˌfɜːst 'eɪd kɪt]
(sich) vergnügen	to have fun	[hæv 'fʌn]
verheiratet	married	['mærid]

verkaufen	to sell	[sel]
Verkäufer *m*, Verkäuferin *w*	shop assistant	['ʃɒp əˌsɪstᵊnt]
Verkehrszeichen *n*	road sign	['rəʊd saɪn]
viel	a lot of	[ə 'lɒt əv]
Vogelnest *n*	bird's nest	['bɜːdz nest]
voll	full	[fʊl]
Volleyballspiel *n*	volleyball game	['vɒlibɔːl ˌgeɪm]
Vorhang *m*	curtain	['kɜːtᵊn]

W

Wagenheber *m*	jack	[dʒæk]
Wand *w*	wall	[wɔːl]
Wanduhr *w*	wall clock	['wɔːl klɒk]
Wange *w*	cheek	[tʃiːk]
Warndreieck *n*	warning triangle	['wɔːnɪŋ ˌtraɪæŋgl̩]
Waschbecken *n*	washbasin	['wɑʃˌbeɪsᵊn]
Wäsche *w*	laundry	['lɔːndri]
Wäscheklammer *w*	clothes peg	['kləʊ(ð)z peg]
waschen	to wash	[wɒʃ]
Waschlappen *m*	flannel	['flænᵊl]
Waschmaschine *w*	washing machine	['wɑʃɪŋ məˌʃiːn]
Wasserball *m*	beach ball	['biːtʃ bɔːl]
Wasserhahn *m*	tap	[tæp]
Wasserkessel *m*	kettle	['ketl̩]
Wassermelone *w*	watermelon	['wɔːtəʳˌmelən]
Wasserwaage *w*	spirit level	['spɪrɪt ˌlevᵊl]
Wecker *m*	alarm clock	[ə'lɑːm klɒk]
weich	soft	[sɒft]
weinen	to cry	[kraɪ]
Weintraube *w*	grape	[greɪp]
weiß	white	[waɪt]
Welle *w*	wave	[weɪv]
wenig	few	[fjuː]
werfen	to throw	[θrəʊ]
Werkbank *w*	workbench	['wɜːkbentʃ]
Werkzeug *n*	tool	[tuːl]
Werkzeugkasten *m*	toolbox	['tuːlbɒks]
Wetter *n*	weather	['weðəʳ]
Windrad *n*	windmill	['wɪndmɪl]
Windsurfen *n*	windsurfing	['wɪn(d)ˌsɜːfɪŋ]
Winter *m*	winter	['wɪntəʳ]
Wippe *w*	see-saw	['siːsɔː]
Wohnmobil *n*	camper	['kæmpəʳ]
Wohnwagen *m*	caravan	['kærəvæn]
Wohnzimmer *n*	living room	['lɪvɪŋ ruːm]
Wolke *w*	cloud	[klaʊd]
Wollmütze *w*	wooly hat	['wʊli hæt]
Würfel *m*	dice	[daɪs]
Wurst *w*, Würstchen *n*	sausage	['sɒsɪdʒ]

Z

Zahl *w*	number	['nʌmbəʳ]
zahlen	to pay	[peɪ]
zählen	to count	[kaʊnt]
Zahn *m*, Zähne	tooth, teeth	[tuːθ, tiːθ]
Zahnarzt *m*	dentist	['dentɪst]
Zahnbürste *w*	toothbrush	['tuːθbrʌʃ]
Zähne putzen	to brush teeth	['brʌʃ ˌtiːθ]
Zahnpasta *w*	toothpaste	['tuːθpeɪst]
Zange *w*	pliers	['plaɪəz]
Zauberer *m*	magician	[mə'dʒɪʃᵊn]
Zaun *m*	fence	[fen(t)s]
Zeh *m*	toe	[təʊ]
zeichnen	to draw	[drɔː]
zeigen	to show	[ʃəʊ]
Zeit *w*	time	[taɪm]
Zeugnis *n*	report	[rɪ'pɔːt]
Zifferblatt *n*	face of the clock	['feɪs əv ðə ˌklɒk]
Zimmer *n*	room	[ruːm]
Zirkel *m*	a pair of compasses	[ə ˌpeəʳ əv 'kʌmpəsɪz]
Zitrone *w*	lemon	['lemən]
Zoo *m*	zoo	[zuː]
Zucker *m*	sugar	['ʃʊgəʳ]
Zuckerwatte *w*	candy floss	['kændi flɒs]
Zug *m*	train	[treɪn]
Zunge *w*	tongue	[tʌŋ]
Zwiebel *w*	onion	['ʌnjən]